U0964274

本杰明・富兰克林（1706—1790）

Benjamin Franklin

Benjamin Franklin

富兰克林自传

完整全译本

[美] 本杰明 · 富兰克林 著　亦言 译

中国友谊出版公司

图书在版编目（C I P）数据

富兰克林自传 /（美）本杰明·富兰克林著 ；亦言译. -- 北京 ：中国友谊出版公司，2017.8（2019.6重印）
书名原文：The Autobiography of Benjamin Franklin
ISBN 978-7-5057-4106-5

Ⅰ. ①富… Ⅱ. ①本… ②亦… Ⅲ. ①富兰克林(Franklin，Banjamin 1706-1790)-自传 Ⅳ. ①K837.127=4

中国版本图书馆CIP数据核字(2017)第174263号

书名 富兰克林自传
作者 [美] 本杰明·富兰克林
译者 亦言
出版 中国友谊出版公司
发行 中国友谊出版公司
经销 新华书店
印刷 北京中科印刷有限公司
规格 880×1230毫米 32开
7.25印张 142千字
版次 2018年1月第1版
印次 2019年6月第4次印刷
书号 ISBN 978-7-5057-4106-5
定价 48.00元
地址 北京市朝阳区西坝河南里17号楼
邮编 100028
电话 （010）64678009
版权所有，翻版必究
如发现印装质量问题，可联系调换
电话 （010）59799930-601

目 录

序　言

本杰明·富兰克林（Benjamin Franklin，1706—1790），是美国历史上一位非常杰出而又功勋卓著的人物。他在人生的舞台上担任过多种角色——作家、哲学家、科学家、发明家、外交家和政治家。

富兰克林1706年1月17日生于波士顿一个贫寒的皂烛制造商家庭。父亲是英国移民，先后娶了两个妻子，前妻生了7个孩子，继室生了10个孩子，富兰克林是他的第15个孩子，也是家中最小的男孩子。因家庭经济困难，他只上了两年小学，10岁时辍学在父亲的店铺里当了学徒，从12岁起到他大哥詹姆斯的印刷厂当印刷工人。在那里，他学到了一手出色的印刷技术，而且为了弥补没有接受正规教育的缺陷，他还刻苦自学，获得了广泛的知识。他曾说："读书是我唯一的娱乐。"也正是这种孜孜不倦的个人努力和坚忍不拔的精神，他后来通晓了法语、意大利语、西班牙语和拉丁语，还大量阅读了欧洲各国的历史、哲学、文学等著作，对自然科学有很深的研究，而且因为在电学方面的实验备受人们的推崇。

17 岁时，富兰克林离开了哥哥的印刷所，辗转到费城、伦敦等地流浪，在社会生活中学习。22 岁时，他再次回到费城，与人合伙开办了一家印刷厂，因质量精良获得了很多业务。第二年，他与人合办《宾夕法尼亚州报》。30 岁的时候，富兰克林受聘为宾夕法尼亚州秘书，并于次年任议会议员和费城邮政局局长，由此开始了他的政治生涯。

作为政治家，在美国和世界历史上，富兰克林都扮演了一个非常重要的角色。事实上，美国 18 世纪下半叶的每一件大事几乎都是在其推动之下进行的。他在北美独立战争中起了重大作用，是美国的创建人之一，参与了起草《独立宣言》和美国宪法。1776 年，作为美国特使前往法国谈判，在他的努力下，1778 年缔结了法美同盟；又作为代表前往英国谈判，以承认美国独立为先决条件，促成 1783 年英美合约生效。1785 年，富兰克林回到费城，全城出动欢迎，并接连三次当选宾夕法尼亚州州长。

富兰克林一生经历丰富，同时对公共事业也很热心，在北美殖民地的文化传播和社会福利方面做了大量工作。由他组建的“俊托”俱乐部、印刷厂、报社、图书馆、大学、消防队、地方民兵等组织，都成为北美相关组织和机构的开路先锋。他在农业生产、新式火炉、电学等方面都有重要的发明和创新，还发明了高架取书器、老年人使用的双焦距眼镜、三轮钟等。

他一生中获得过许多荣誉。1753 年获得英国皇家学会颁发的科普利奖章，同年获得哈佛大学和耶鲁大学的荣誉学位。他 1756 年当选为英国皇家学会会员，1772 年当选为法兰西科学院的外国院士，1789 年当选为彼得堡科学院的外国院士。

1790 年 4 月 17 日，他在费城病逝。他的墓碑上只简单地刻下了他自己写的“富兰克林，印刷工人”，而绝口不提他后半生的重要职务。但在世人的眼里，他早已成为一座高大而厚重、令人仰止的丰碑。

在人类文明史上留下串串闪光足迹的富兰克林，不仅因他的远见卓识和勤奋努力成为“美国缔造者”之一，而且他的思想影响了一代又一代的美国青年。富兰克林逝世已经 220 年了，而今最能体现他思想的莫过于他亲手写下的这本自传。

《富兰克林自传》原本是写给儿子威廉•富兰克林的书信，是作者晚年分四次写的，由于革命工作的原因，自传写得断断续续，内容涵盖了富兰克林的“家族逸事”及主要工作和重要事件。因为作者的突然病逝，自传并未完成，1757 年之后富兰克林更加辉煌灿烂的后半生并没有写出来。我们经过翻译整理，将现存的自传总共分为六个部分，供读者来体验一次美国梦的奋斗历程和完美道德精神之旅。

富兰克林也创造了一个道德的神话。他有高尚的人格，更有宏伟的政治抱负。他既实现了个人道德修养的完善，又身体力行地建立了一个属于整个人类、超越时代和国别的价值体系。他只是一个普通人，但是他凭着个人奋斗实现了崇高的理想，而且一直希望自己能更加完美，这种执着追求和坚忍不拔的精神也是后人宝贵的精神财富。

美国著名的成功学大师戴尔·卡耐基和拿破仑·希尔都曾深受富兰克林的影响；《世界上最伟大的推销员》的作者奥格·曼狄诺也对富兰克林推崇备至，在编撰世界畅销的励志书《羊皮卷》时，更将《富兰克林自传》列为重点推荐书。这部影响了无数读者、历经两百余年经久不衰的《自传》也被翻译成多种语言，在许多国家出版，成为激励亿万青年成长的励志经典。重温这位异国先哲的人生历程，不禁对他的德行与奋斗精神肃然起敬。我们也希望中国的读者能从中汲取他的人生哲学和成功理念，这也正是我们翻译出版此书的美好初衷。

第一部分

亲爱的孩子：

对于祖上的任何奇闻逸事，我向来都喜欢收集。或许你还记得，我们在英格兰的时候，我曾经因为这个东奔西走，去拜访亲戚中尚在世的长者。同样地，我想你也希望了解我这一生的经历，而这其中有很多事情是你所不熟悉的。我现在正在乡下休假，可能会有一个星期不被打扰的闲暇时间，因此可以坐下来安心地为你把这些经历写下来。我之所以这样做，还有其他一些原因。我出身卑微，家境贫寒，这一生中经历过不少艰难困苦；但承蒙上帝的福佑，我的一生大都交上了好运，处世之道也颇为成功，最终积累了一点财富，赢得了一些名望。后辈们也许会对这些感兴趣，或许他们可以从中发现一些值得仿效和借鉴的地方。

有时回忆起自己交上的那些好运，我就会情不自禁这样想：如果再给我一次选择的机会，我一定要让自己的生活再过一遍，如同作家们可以在再版时纠正初版的错误一样。这样的话，我不但可以纠正自己所犯过的错误，还可能防止许多不测事件的发生，让别人从中获益。不过，即使我的这些愿望不能够实现，我还是愿意再过一遍这样的生活。重演人生的愿望当然是不可能实现的，那么回忆就必然成为实现这个愿望的最好办法，将其以文字的形式记录下来，并竭力使它能够长久留存。

因此，我也希望能够像老人们经常会有的那种癖好一样放纵一下自己，在此唠唠叨叨地讲述一下自己那些往事。不过，我在讲述的过程中会注意方式，尽可能做到不令人厌烦，使后辈们并非出于对长者的尊敬而迫不得已来听，毕竟每个人都有选择听或不听的自由，这是强求不得的。

最后（为了不失信于人，我还是先自己承认比较好），我之所以会写这个自传，还有一个原因就是自己的虚荣心。诚然，很少有人一开始就说“还不至于有什么虚荣心”，但往往话一出口，紧接着便自我吹嘘起来。很多人都厌恶别人的虚荣心，但常常会忘记自己也有一份。不过，我是以公平的态度来看待这种虚荣心的，因为我相信：有这种心理的人不仅常常使自己受益，也能使与之交往的人受益。因此，如果一个人因为生活幸福而感谢上帝，那么即使带有一点虚荣心也不能算作荒唐。

现在既然说到上帝，我想我应该承认：如果没有上帝的眷顾，我不可能获得上面提到的所有幸福，正是上帝的指引令我的处世之道颇为成功。我不敢擅自设想将来，但我的信念令我充满希望：上帝依然会眷顾我，让我像以前一样幸福，并且让我能够像别人一样拥有承受人生中一切灾难和不幸的坚强意志。只有上帝清楚未来的命运究竟是如何的复杂多变；即使我们身处苦难之中，主也会凭借其威力给我们带来福音。

我的一位伯父也很喜欢搜集家族逸事，曾经将其札记传给了我，并告诉我一些有关族祖的事迹，我因此才对我们这个家族有了较深入的了解。原来我们这个家族在北安普敦郡的埃克顿村已经居住了300年之久。而对于这之前的情况，他也不清楚（有可能是从“富兰克林”这个词用做家族姓氏开始的。当时的姓氏标志着该姓氏群体的社会阶层，整个英国都流行立姓氏）。他们大约拥有不动产土地30英亩，兼做打铁的生意——这个行业一直流传了下来，直至伯父。我父亲和伯父都遵循长子传业的传统，立长子继承家业。在查阅埃克顿村的户籍册时，我找到了他们的出生、婚娶和丧葬记载，但只有1555年以后的记载，而此前这个教区根本没有户籍册可查。我从找到的户籍册中得知，我是前五代人中最小的儿子的最小一个儿子。

我的祖父托马斯生于1598年，一直以来都住在埃克顿村，直到年迈体衰难以维持生意才搬去儿子约翰那里。约翰是个染匠，当时我父亲还在跟他学手艺，他住在牛津郡的班伯里，祖父就是在那里去世并被安葬的。我们在1758年看到了他的墓碑。祖父的长子托马斯住在埃克顿村，后来把老宅连同土地都传给了自己的独生女儿。她的丈夫姓菲雪，威灵堡人。他们夫妻俩又将这份产业卖给了现在的庄园领主伊斯德先生。

我的祖父有 4 个儿子：托马斯、约翰、本杰明和约赛亚。有关他们的资料我没有带在身边，在这里，我把了解的情况写下来给你。如果那些资料在我离家期间没有丢失的话，你可以从中了解到许多更详细的情况。

长子托马斯（即大伯父）跟着父亲学打铁。他天资聪颖，在学业上曾经受到那个教区的大绅士帕尔梅先生的鼓励（他的弟弟们都曾受到同样的鼓励），后来成为地方上很有威望的书记官；与此同时，他还是本村以及北安普敦郡各项公益事业的主要推动者，关于这方面的传说很多。此外，他还深受哈利费克斯爵士赏识，并得到其资助。他于 1702 年旧历 1 月 6 日去世，而我正是在 4 年后的这一天出生的。我还记得：当埃克顿村的一些长辈们向我们讲述他的生平和性格时，你非常惊异，因为你觉得他的情况和我有些类似。当时，你还说："如果他在你出生的那天去世，人们会以为你是他的灵魂转世呢！"二伯父约翰是一名染匠，在我看来是毛织品的染匠。三伯父本杰明在伦敦学习染丝绸，悟性很好。我至今还清楚地记得，在我很小的时候，他曾来波士顿拜访我的父亲，并与我们同住了好几年。他活到高寿，孙子塞缪尔·富兰克林现在还住在波士顿。伯父本杰明留下两卷四开本的诗稿，其中有一些是赠送给亲友的，下面有一首是他送给我的[1]，作为范例。他还创造了一套速记法，并且教给我，但我从未实践过，因此早已经忘记了。由于父亲和他有着特别深厚的感情，我的名字就是随着这位伯父取的。他对宗教深信不疑，只要有出色的教士布道，他就总是虔诚的听众，还用自己创造的速记方法将布道内容记录下来，后来留下了多卷速记本子。他还有政治狂热情绪，但就他的身份而言，这似乎有点过分。

我最近在伦敦得到一卷他搜集的重要论文册子，讲的是1641年到1717年的一些公共事务。不过，从卷数的编号看，应该缺少了许多本，但仍然保留有8卷对开本，24卷四开本和八开本。这些书卷是一个旧书商（由于我有时候在这个旧书商那里买书，与他结识）搜集了拿来给我的。这些书似乎是三伯父在去美洲之前留下的，已经是50多年前的往事了。书的边页上还有他作的许多注释。

我们这个家族在很早的时候就参加了宗教改革运动，在玛丽女王统治的整个时期，一直信奉新教。他们因强烈反对罗马天主教而时常处于危险的境地。他们曾经有一本英文版《圣经》，为了不让别人发现，就把它打开，然后用绳子绑在一把折凳的底部。每当曾祖父向家人诵读《圣经》时，他就把折凳翻过来放在膝盖上，从绳子下面翻读；同时还会让一个孩子在门口放哨，如果有宗教法庭传令官露面，就立刻来报告。要是遇到这

[1] 那首诗并没有附在信中。

种情况，就把折凳翻过来放好,《圣经》就像之前那样被藏起来。这件逸事是我从三伯父本杰明那里听到的。我们全家对英国国教的信奉大约一直持续到查理二世统治的末年。当时，有些牧师因不信奉国教而遭到驱逐。这些人在北安普敦郡举行非国教徒集会，本杰明和约赛亚后来一直追随他们；而家里其他的人依然信奉国教。

我的父亲约赛亚结婚很早，大约在1682年，他带着妻子和3个孩子移居到新英格兰。非国教教徒的集会在那时是法律所不容许的，并且常常会被干扰。我父亲熟悉的一些有名望的人就想到要移居新大陆，并且劝说父亲同他们一起去。他们期望能够在新大陆拥有宗教信仰的自由。到新英格兰后，他的前妻又为他生了4个孩子；继室生了10个，总共有17个孩子。我还记得，曾经有一次坐在餐桌旁吃饭的就有13个，他们后来都长大成人，有了各自的家庭。我在新英格兰的波士顿出生，是家里最小的男孩，还有两个妹妹。我母亲阿拜亚•福格尔是继室，她的父亲彼得斯•福格尔是新英格兰的第一批定居者。要是我没有记错的话，科顿•马瑟在《美洲基督教史》中给予他很高的评价，称赞他“信仰虔诚，学识渊博”。据说他写过各种题材的即兴小诗，不过发表的只有一首，许多年前我曾有幸读到过。

那首诗写于1675年，采用的诗体在当时民间十分流行，是写给当地政府的有关人士的。该诗代表了浸礼会、教友会以及其他受迫害的教派，十分提倡宗教信仰自由。诗中还写道：宗教迫害是印第安人战争以及国家遭受的其他灾难和不幸的罪魁祸首，故而上帝才严惩了这些罪行。因此，诗的字里行间都体现出规劝当局废除那些残酷法律的思想。整首诗读起来既真诚坦荡又自由大胆。尽管诗歌的前两节我已经忘记，但结尾的6行我仍然记得。大意是：善意的责备让他愿意坦言作者是谁。后面6行是这样写的：

我在内心深处
憎恶造谣中伤；
我住在雪本城，
姓名就在此处；
我是你的诤友，没有丝毫恶意，
我就是彼得斯•福格尔。

我的哥哥们都在不同的行业拜师学艺。8岁时，父亲送我去语法学校读书。他计划把我作为“什一税”（10个儿子中的一个）奉献给教会。我的悟性很高（我应该很早就读书了，因为我记不清楚自己曾有不识字的时期），他的朋友们都认为我将来必定会成为一个很好的学者，于是父亲就下定决心要送我上学。伯父本杰明也赞同父亲的做法，并且表示：我愿意学他的速记法的话，他就把自己所有的布道速记本都给我，就如同开一家店铺需要先储备资本一样。我在语法学校读书还不到一年，开始只是班里的中等生，渐渐地就名列前茅，后来还跳了级，年底就可以升到三年级。但这时父亲考虑到今后难以承受一个大家庭的负担以及上大学的教育费用；我还当面听他对朋友们说过，许多人读书到头来还是生活拮据，这一切让他改变了初衷。退出语法学校后，他让我去另外一所学校学习计算和写作。这所学校是由乔治•布朗内尔先生创办的，他是当时赫赫有名的人物，主张采用和风细雨、循循善诱的方法办学，总体上讲很成功。我在他的教导下写作水平得到很大提升，不过算术不及格，而且毫无长进。

10 岁的时候，父亲让我回家帮他经营生意，他从事的是油烛和肥皂制造买卖。他原本不是学这一行的，可是到新英格兰之后，他发现染色行业不景气，要维持生计十分困难，于是就改行了。我要负责剪烛芯、灌烛模、看店铺，另外还干一些跑腿送货的杂活。

对于这个差事我并不喜欢，一心想着去航海，可是父亲坚决反对我这么做。不过，由于住在水边，常跟水打交道，我很早就学会了游泳，还会驾船。只要我跟别的孩子在船上，不管是小船还是小舢板，他们都会让我来驾船，特别是在遇到麻烦的时候。他们一般都会听我指挥，有时候我还让他们陷入窘境。在此，我可以举个例子来说明我早年就已经显现出来的公益精神，尽管在当时那么做不够妥当。

水磨附近有个蓄水池，旁边是盐碱滩，涨潮的时候，我们常常会去滩头钓鱼，但是滩头被踩踏过度，已经变成一片泥浆，于是我建议建造一个小钓鱼台以方便立足。我告诉小伙伴们：那边有一大堆本来用于在湿地附近建造房子的石块，正好符合我们的需求。于是，等到晚上工人们下班之后，我便召集一帮小伙伴来，大伙儿就像群蚂蚁一样带劲地搬石块，有的石块太大，得要两三个人才搬得动。就这样，所有的石块都被我们搬走了，我们用它们建造了钓鱼台。第二天一大早，工人们发现石块不见了，感到十分惊讶，后来在我们的钓鱼台找到了。接着他们追究责任，我们被查出来，并被狠狠地批评了一通。其中有的小伙伴还被父辈斥责。当时我还申辩搭建钓鱼台的好处，但父亲教导我并令我相信：干不诚实的事是没有任何好处的。

我想你也许会对你爷爷的一些情况感兴趣。他中等身材，有着很好的体质，非常结实强壮。他天资聪明，画得一手好画，还对音乐有一点研究，并且拥有清脆悦耳的嗓音。忙了一整天的他，有时会在晚上拉着小提琴，唱起悦耳的赞美诗。他在机械方面也有天赋，使用别的行当的工具，有时候也显得得心应手。不过，在我看来，最难能可贵的地方在于，于公于私他都能深明大义，并且行事果断。由于要养活一大家人，家庭的窘迫令他只能埋头工作，因此他从未担任过公职。但我至今仍清楚地记得，有些地位颇高的人常常来拜访他，征求他对镇上的或者他所属教区事务的意见，而且对他的建议和判断非常尊重；还有些人会来找他解决麻烦；有双方发生争执时，也常请他帮忙调解。

他常邀请深明事理的朋友或邻里来家里围桌叙谈，谈论的都是些现实而又能够引发大家独立思考的话题，希望能够给孩子们以教育和启迪。通过这种方式，我们这些孩子也认识到何为善良和公正，何为人生的处世之道；在饭桌上就很少会想到吃的东西是否时兴，花样的多少，口味的优劣，是不是合胃口，等等。我从此也养成对菜肴十分随意的习惯，很少会去在意每顿饭吃的是什么。直到现在，若是被问到几个小时前吃了些什么，我很难回答上来。这一生活习惯倒是给我后来的旅途生活带来不少便利。与我同行的人因为一直以来都对饮食十分讲究，所以常常会因为无法满足食欲而感到很不愉快。

我母亲的体质也很好，一生中共养育了 10 个孩子。除他们临终时以外，我还从未见父母生过病。父亲 89 岁时去世，母亲也活到了 85 岁。两位老人合葬于波士顿。我在几年前去那里立了一块大理石墓碑，并且刻了碑文：

约赛亚·富兰克林
和妻子阿拜亚·富兰克林
合葬于此处。
夫妻十分恩爱
共同生活了 55 年。
他们既没有田产，也没有高官厚禄
凭借着劳动和勤勉
承蒙上帝的福佑
维持了一个大家庭
舒适的生活。
他们养育了 13 个子女
和 7 个孙儿

备受赞誉。

后辈们，应以他们

为榜样，勤奋自勉

切记要信仰上帝。

他笃信上帝，克己谨慎

她为人谦逊，明理贤惠。

他们最小的儿子

为了纪念，敬立此碑。

约赛亚·富兰克林，1655年生，1744年卒，享年89岁。

阿拜亚·富兰克林，1667年生，1752年卒，享年85岁。

我唠叨了这么多，说话有点杂乱无章，感觉自己的确是老了，过去我写东西倒是比较有条理。不过跟家人相会，没有必要像出席舞会那样盛装打扮。我想还是随意一点好。

还是言归正传吧。我在父亲的店铺里继续干活，大概干到12岁。哥哥约翰原本可以帮父亲打理生意的，因为他本来就是学皂烛制造业的，但是他却离开父亲，还结了婚，跑去罗德岛安家了。这样一来，我必须得做一个蜡烛工匠，因为我要接替他的工作。可是我自己对这一行并不感兴趣。父亲很担心我如果没有合适的工作可干，就会像约赛亚一样私自离家出航，到时留给他的只会是痛苦和悲伤。于是，他只要一有空便带我到处走走，看看木匠、瓦工、旋工、铜匠等怎么干活，希望我能从中找到自己的兴趣点，然后学一门手艺，以后在陆地上好好生活。从那以后，我就一直用心观察那些熟练的手艺人怎样使用手中的工具，并且获益良多：家里的一些小零活有时可以不用请工匠，我自己就能动手干；有时我还自己动手做一些试验用的小机器。经过一番考察和对比之后，父亲最后决定让我跟着伯父本杰明的儿子塞缪尔学习制造刀器。他以前在伦敦学的就是这门手艺，当时应该正在波士顿开业。我跟着他学习了一段时间，但是他要收取学费，这令我父亲很不高兴，又把我带回了家。

我从小就喜欢读书，手头仅有的一点点钱往往都用来买书。我十分喜欢读《天路历程》这本小册子，所以购买了班扬作品的单行本，这也是我购买的第一个集子。不过后来因为没钱购买理查德·柏顿的《历史文集》，它就被我卖掉了。理查德·柏顿这部著作总共有四五十册之多，但在小贩子那里买的话，价钱会便宜很多。父亲有个小书库，里面大都是神学争辩方面的书籍，其中大部分我都阅读过。我那时对知识的追求如饥似渴，但却没有适合我阅读的书，这一点令我至今都感到十分惋惜，因为那时的我已经清楚地知道自己不会去当一名律师。不过，有一本普卢塔克著的《名人传》，我读过多次，到现在我还觉得，虽然花了很多时间在这本书上，但是从中学到了很多。另外，曾经有两本书令我的思想发生了一些转变，并且在后来经历的一些重大事件中，对我也有影响：一本是笛福的《论计划》，另一本是马瑟博士的《论行善》。

尽管哥哥詹姆斯·富兰克林已经在学印刷业，但我爱读书的嗜好终于使父亲决定要我也干这一行。1717年，哥哥詹姆斯从英国带回一台印刷机和许多铅字，要在波士顿开始自己的印刷事业。我对这个行业的喜爱超过了父亲的制烛买卖，但还是渴望着航海。父亲担心我这个欲望会产生可怕的后果，于是想尽一切办法想把我的心拴在哥哥的印刷行业里。起初我对此表示反抗，但坚持一段时间之后，最终还是听从他的劝告，并且签了合同，那时我只有12岁。按照合同，我作为学徒要干到21岁，而且只能在学徒的最后一年拿到学徒期满薪水。我进步很快，在很短的时间内，就能熟练地操作业务，成了哥哥的好帮手。这时，我终于有机会接触到自己想看的书了。我结识了一些在书店当学徒的朋友，时常能从他们那里借到一点书，但我必须按期归还，还要注意不让书被污损。有时候晚上借来一本书，担心人家以为书籍丢失或短缺，所以第二天早上就要还回去，因此常常要借着灯光读到大半夜。

不久，一位名叫马修·亚当斯的聪明的商人常来我们印刷所，注意到了我。他有自己的藏书室，里面有很多书，不管我想借什么书，他都愿意借给我。那时候，我迷上了诗歌，还创作了几首小诗。我哥哥以为作诗会有很好的前途，因此对我表示支持，并且时常鼓励我，还让我即兴创作了两首民谣。其中一首是《灯塔的悲剧》，主要叙述的是船长华西莱克和他两个女儿溺水的悲剧；另外一首是《水手之歌》，描写了海盗提奇（又称“黑胡子”)被擒的故事。这两首民谣都属于格拉布街道民谣，俗气且难登大雅之堂。付印之后，哥哥叫我拿去街上卖。第一首说的是当时刚刚发生的事情，所以销量很好且反响强烈。这一切令我的虚荣心渐渐滋长起来。但是后来父亲避免让我成为诗人，他嘲笑我的诗歌，还说很多搞诗歌创作的人都是街头乞丐。仔细想来，即使我成为诗人，可能也只会是个蹩脚的诗人。不过，散文写作在我这一生中倒是发挥了很大作用。后面我会告诉你，我是如何在当时的情况下学习写作的。

我有一个小伙伴，名叫约翰•科林斯，也很喜欢读书。我们俩都爱争辩，而且在争辩过程中总喜欢压倒对方。坦白说，好争辩并不是一件好事，它容易使人养成一种坏习惯，即把那种不切实际的争论带入日常生活当中，这样往往会令人很不愉快，最终不仅使交谈的气氛变得糟糕，让人们感到厌恶，甚至还有可能使朋友反目。这是我从父亲的那些有关宗教信仰争辩的书籍中看到的。经过长期观察我也发现，除了律师、大学堂的绅士以及在爱丁堡受教养的各种各样的人外，有头脑的人几乎很少会染上这种习气。有一次，不知怎么回事，我和科林斯就女性受教育是否适当以及她们是否具有研究的能力问题争论起来。他的观点是女性不适宜受教育，之所以会如此是天性使然。我当时可能只是为了争论而去争论吧，采取与之相反的观点。他天生能言善辩，满腹辞章。我总觉得，他之所以有时能在辩论中压倒我，原因并不在于他的论理，而是他的口才。上述问题的争论最终不了了之，此后我们俩就分了手，一时间也不会再见面，我就安下心来把自己的论点付诸笔端，然后工整地抄出来寄给他。对我的这一举动他也做出了回应，还给我回了信。我们就这样书信往来，三四封后，我父亲偶然发现并阅读了我的书信。他并没有参与我们的辩论，而是借这个机会跟我谈起了写作。他说，我在拼写和标点方面比对方略胜一筹（这应该归功于印刷所），但是在文辞和条理方面远远不如对方。他还就此列举几处实例以便令我信服，从这些实例来看，他的评价并非不公正。从此以后，我非常注意写作的文体，决心提高自己的写作能力。

大概就在这一时期，我偶然看到一份以前从未见过的报纸《旁观者》，是第三卷，已经残缺不全。我将它买了下来，反复阅读，获得很大的快乐。我觉得里面的文章非常优美，可能的话，自己也想对其风格进行模仿。有了这样的想法之后，我从报纸中挑出几篇文章来，将每一句的要旨摘出来放在一边，不去看它。几天后，我凭借自己对要旨的记忆，对原文重新表述，并且尽量做到同原文一致。然后，我把自己的表述和原文进行对照，找出自己的错误并改正。我从中发现自己的词汇量十分贫乏。我想，作诗讲究韵律和谐，常常需要词汇长短不一、异音同义，这样我就必须学习和掌握大量的词汇，并注意学会运用，要是当初坚持作诗的话，情况也不会是这样。于是，我挑选出一些叙事文章来改成诗歌；等过一段时间，我忘记那些文章的时候，再将诗歌还原成散文。

有时候，为了训练文思上的条理性，我会有意将自己摘录的要旨打乱，几星期后再尽力令其恢复到最好的顺序，然后整理出整个句子和整篇文章。文章整理出来以后，我将其拿来同原文进行比较，发现了许多错误，并做了改正。不过，在某些细枝末节上，我有时会侥幸地改进原文的章法和措辞，这让我很得意，我很幸运地算得上一个说得过去的英语作家，对此我也一直满怀希望。我都是在晚上下班以后，或者早上上班以前，又或者是在星期天进行这些训练和阅读的。一到星期天，我都会想方设法自己一个人待在印刷所里，不去参加礼拜日的教堂祈祷会（而要是在过去那些有父亲管教的日子里，我就必须到场）。虽然我现在没有时间去参加祈祷会，但我内心还是觉得这是一种义务。

16 岁时，我偶然看到特里昂写的一本向人们推荐素食的书，于是决定亲身实践一番。那时我哥哥还没有结婚，也没有人料理家务，他自己和几个学徒都寄食在别人家里。我戒掉荤腥改吃素食，给他们带来许多不便，甚至还因此而受到责备。从特里昂的素食谱中，我学会了几种素食烹调法，比如煮土豆，烧米饭，做速成布丁以及其他几样饭菜。于是，我就向哥哥提议：他只要每周付给我一半的膳食费，我就可以自己单独开伙。他立即表示赞同。过了一段时间，我发现自己还可以从他支付的膳食费中节省出一半来买书。此外，这样做还有另外一个好处：在我哥哥和其他的人去别处吃饭时，印刷所里就只剩下我一个人，于是我很快就吃完饭。我吃的东西非常简单：常常是一片饼干或一块面包，一把葡萄干或是从面包店里买的果馅饼，还有一杯水。

在他们回来之前，我就利用节省下来的时间看书学习。通常情况下，节制饮食不仅可以使人头脑更清醒，而且思维也更加敏捷，因此，我在学习上取得了很大的进步。

下面我要跟你谈的是我数学方面的情况。我常常会为自己在数学上的无知而感到惭愧，在学校读书时曾经有两次不及格。我目前正在认真学习科克的《算术》，一切进行得还算顺利。除此之外，我还阅读了舍勒和斯图美的一些有关航海的书，并从中学到了一点几何学的知识，但是从来没有深入地研究过。洛克的《人类理解论》和波特洛亚尔派先生们所著的《思维的艺术》，我大概也是在这个时期阅读的。

在我一心一意地提高自己的写作水平时，偶然发现一本英语语法书（我觉得应该是格林伍德写的），书后附有两篇简短的内容提要，内容主要涉及的是修辞学和逻辑学。在逻辑学的结尾部分，我看到了苏格拉底辩论术的范例。不久之后，我又很幸运地得到了色诺芬的《苏格拉底回忆录》，这本书中有很多类似上述苏格拉底辩论术的实例。我对这种方法非常着迷，所以很认真地学习并加以运用。在辩论中，我不再采用生硬的反驳和完全肯定的立论，而是代之以谦逊和怀疑式的探究方法。当时我因为读了柯林斯和舍夫斯别利的作品，受其影响，开始真正对宗教教义产生了诸多疑问。我发现这些方法非常实用，能够令那些跟我争辩的对手完全处于劣势的地位。我自己从这些方法中也得到了乐趣，促使我不断地去练习，慢慢地我对这些方法已经能够运用自如，最终使对手，甚至是实力不凡的对手不得不做出让步。因为结局往往与他们的预期相差甚远，这常常使他们陷入不能自拔的境地，而我也相信，仅凭我自己或我的理由未必会获得如此的成绩。

随后的几年我继续沿用这种方法，慢慢地我开始抛开它，在辩论的过程中只采取谦逊的态度。对于自己提出的那些有可能引起争论的问题，我从来不采用过于肯定的表达，例如像“肯定的”，“毫无疑问的”及其他与之相似的言论；而是采用“我以为”，“我认为事情会如何如何”，“由于这样或那样的理由”，“我想事情是这样”或者“如果没有弄错的话，我想事情应该是这样”等方式来表达。这种习惯对我十分有益，因为每当我提出的意见或者看法受到人们的重视，我自己也会不断地从中获得进步和提高。而且，我们人类交谈的目的无非是为了“彼此交流”，“愉悦或者说服对方”，因此那些心地善良而又明察事理的人，采取傲慢自负的态度以致损害了自己的行善能力，这实在不能称为明智之举。他们这样做往往只会令人产生厌恶感，很容易让对方产生对立情绪，结果只会离谈话的目的越来越远。要知道，我们谈话是为了相互交流，获得快乐。如果一个人在和别人交流时，一味坚持自己的意见，采取一种固执己见的态度，这样会很容易让对方反感，最终使交谈无法继续下去。如果一个人想要向别人请教，增长自己的知识，但又十分固执，不肯改变自己的想法，那么那些谨慎明理而又不愿与人争论的人，可能就会对他的错误听之任之了，而他本人依然得不到改进。这样的态度既不可能令对方在交谈中获得快乐，也不可能获得对方的赞同。在我看来，蒲柏的一些观点十分明智：

> 如果你不作教人之态，别人一定会从中受益，对于那些别人不知道的事情，就当作是他忘记了；

他还告诫我们：

> 即使对于那些自己已经十分肯定的事情，也要采用谦虚的态度将其表达出来。

接下来的这句话，我觉得他的表达不太合适：

> 因为不懂得谦逊就是不懂得道理。

相信你一定会有疑问：为什么我说“不太合适”。请看下面这两行诗，你就会知道为什么我要这样讲。

> 对于那些大言不惭的话无须辩解，
> 因为不懂得谦逊就是不懂得事理。

在这里，“不懂得事理”（这样的人实在是不幸）成了“不懂得谦逊”的托词。因此，我想下面两行诗会更合适一些。

对于那些大言不惭的话，我们只能这样去辩解：

即不懂得谦逊就是不懂得事理。

不过究竟孰优孰劣，还是让智者去评判吧！

我忘记是在1720年还是1721年，哥哥着手创办了一份报纸，那就是《新英格兰报》，这是当时美洲新大陆刊行的第二份报纸。第一份是《波士顿新闻报》。我还记得，在他创办之前，他的一些朋友规劝过他，说成功的希望渺茫；他们认为，新大陆有一份报纸已经足够。而现在（1771年），报馆的数量已经超过25家。不过，我哥哥当时坚持按计划行事。排版印刷完之后，他让我把报纸送到订户那里去。

哥哥有一些朋友，很聪明能干。他们常写一些文章聊以自娱，发表在报纸上，使得报纸很受欢迎，销量大增。这些人经常到印刷所里来，从他们的谈话中不难发现，他们对报纸十分看好。受其影响，我也很想尝试在报纸上发文章，于是加入到他们的行列。可我毕竟还是个孩子，万一被哥哥知道了，他一定不会同意在他的报纸上发表我的文章。于是，我设法改变了笔迹，写了一篇文章，没有署名，趁晚上没人时塞进印刷所的门口。第二天一大早，哥哥发现了，就给他的朋友们传看。他们读完文章后，纷纷表示赞赏，还在猜测作者是谁，他们举出了他们当中那些才华横溢的人，但没有人想到作者竟然会是一个孩子。他们的猜测令我无比高兴。尽管在我心目当中他们并不是真正的优秀人物，但现在想来，我当时能够得到他们的赞赏，实在是运气。

不过，他们的赞赏让我鼓起勇气，一连写了好几篇，用与第一次相同的方式送到印刷所，获得与第一次相同的赞誉。就这样，我一边坚守着这些秘密，一边继续往印刷所送文章，直到没有素材可写时才暴露了真相。此后，哥哥的那些朋友全都对我另眼相看，但哥哥对此似乎表现出不高兴。或许在他看来，这样容易让我变得自负起来。大约就在那个时候，我和哥哥的关系开始变得不和睦，这可能是原因之一。虽然我们是亲兄弟，但毕竟他是师傅，我是学徒，我应该跟其他学徒一样听他吩咐。但我觉得他有的时候对我真的有点过分，我非常希望他能够宽容一些。我们之间的争吵经常会令父亲不得安宁，父亲便为我们调解，不知是因为我有理还是善辩，父亲总是偏向我。但是哥哥的脾气很暴躁，而且经常对我动粗，对此我感到非常气愤。我深感自己的学徒生涯索然无味，于是不断地寻找机会想要缩短学徒期。没想到，机会真的来了。

我们在报纸上刊登了一篇文章，就某个政治问题对州议会进行抨击，具体是什么问题，我现在已经记不清楚了。由于触犯了议会，哥哥被捕了，拘留了大概一个月，此间一直在接受审查。可能因为他不肯说出作者的姓名，所以才会有这样的遭遇。我也被捕了，是在议会那里受审的。我对于他们的审问做出了回答，虽然他们对我的回答并不满意，但只是教训我一顿就把我放了。也许在他们看来，作为学徒就应该为主人保守秘密。

在哥哥被拘留期间，我非常生气。我把我们之间的私人恩怨抛在一边，接管了报纸，还发表了一些文章去抨击那些统治者。对于我的做法，哥哥很是赞赏，可是一些人却有不同的看法，认为我已经染上诽谤和讽刺的不良习气。哥哥被释放时，议会下了一个很奇怪的命令：

詹姆斯•富兰克林从此不得再发行《新英格兰报》。

哥哥的朋友们来到印刷所，大家一起讨论我哥哥应该如何应对这种情况。有人建议用更换报纸名称的办法来应对议会的命令。但是我哥哥认为那样做并不稳妥。最后他们商定出一个比较好的方案，就是从今往后报纸以“本杰明·富兰克林”的名义发行。但是报纸让他的徒弟发行，一旦议会责难下来我哥哥还是摆脱不了干系。为了避免出现这种情况，大家经过商议后决定：在我的合同背后说明已经完全解除师徒关系，万一有什么情况发生，可以拿出来证实。不过，为了不损害我哥哥的利益，我们还签了另外一份合同，说明我在学徒期满之前继续为他服务。这份合同被私下保存起来。尽管这份合同的实际意义并不大，但还是很快就执行了，以我的名义，《新英格兰报》继续发行了几个月。

最终，我和哥哥还是未能和睦相处，新的问题又产生了。我认为他不敢将新合同公开，因此想要趁此机会维护我的自由。我这样做是乘人之危，当然是不对的，这件事可以看作是我这一生中的一个重大错误。不过，只要一想起他的暴躁脾气，老是对我动粗，心中就充满怨恨，觉得自己的这点不正当也就不值一提了，虽说他并不是个在所有方面都粗暴的人。我想那时候的我确实是有点太莽撞、太好胜了。

哥哥觉察到我要离开他，就想方设法使我在城里其他印刷所找不到工作。他给全城的老板都打了招呼，告诉他们不要雇用我。我曾经想过去纽约，因为听说那里也有印刷所，而且离波士顿也最近。想到当地政府已经对我厌恶至极，而且从议会对我哥哥案件的处理中也足见其专横，所以很想离开波士顿。如果我继续待在这里的话，极有可能会遭到各方攻击，成为众矢之的。因为我发表的一些有关宗教的轻率言论，使得人们，甚至是善良的人们也对我感到恐惧，他们纷纷指责我是异教徒或无神论者。因此我决定离开。但是，令我没有想到的是，父亲此时却站在哥哥那边，若我明目张胆出走，他一定会想方设法加以阻拦。这时，幸亏科林斯帮我想到一个好办法，我才得以顺利离开。他告诉一位纽约帆船的船长，说我是他的好友，还对他说我和一个不三不四的女孩子有染，并且让她怀了孕，那女孩的朋友要逼我跟她结婚，我不能公开露面，也不能明目张胆出走，因此想要搭乘他的船。那位船长答应了。当时，我身无分文，只好卖掉一些书，凑了点盘缠，悄悄上了船。船顺风而行，三天就到了纽约，我也已经身处离家300英里的地方。当时我只有17岁，口袋里没有多少钱，孤身一人就来到了一个陌生的地方。

这时我已经不想去航海了，不然的话，这个梦想倒是可以实现。幸好我有一门手艺，而且称得上是个不错的印刷工人，于是想要在当地找份工作。我来到了老威廉·布雷福德先生的印刷所，他是宾夕法尼亚州第一家印刷所的老板，和乔治·基斯发生争执后才把印刷厂迁到纽约。他自己的厂子里不缺人手，因此不能雇用我。但是他告诉我说："我在费城的儿子前不久失去一位叫阿基拉·罗斯的得力助手。如果你愿意的话，可以到他那里去，他应该会雇用你。"从这里到费城还有100英里的路程，于是，我乘上一艘前往安博依的船上了路，并将箱子和行李交由海路托运。

我们乘坐的船在经过海湾时，狂风骤起，帆船被撕成了碎片，无法按照既定的方向前行，我们别无他法，只能任由狂风把我们吹到了长岛。船在航行途中，一位荷兰乘客喝醉酒掉进水里，还好我在他下沉时，及时抓住他的乱发，将他拉了上来，这才挽救了他的性命。掉进海水里，接着又被救起，这样一番折腾令他的头脑稍微清醒了一点，这时他从口袋里掏出一本书来，想要我帮他弄干。我接过来一看，原来是班扬的《天路历程》，荷兰文译本，无论纸质还是装帧都比我之前见过的任何原文版本要好。后来我发现，欧洲大多数语言都有其译本。我想，可能除了《圣经》之外，这本书的读者最多。据我了解，叙述和对白融为一体的写法是约翰·班扬首次采用的。这种写作技巧能够扣人心弦，令读者有身临其境之感。笛福曾经在他的《鲁滨逊漂流记》《摩尔·弗兰德斯》《宗教的献媚》《家庭教师》以及其他一些作品中模仿过这种写作手法，并且模仿得很成功。《帕美拉》的作者理查逊在他的一些作品中也对这种写作手法进行过模仿。

当船靠近长岛时，我们才发现，那儿竟然是一片石滩，时不时会有巨浪来袭，根本无法登陆。我们只好抛了锚，向岸边摇晃，希望能够有人来营救我们，很快就看见有人跳下水，向这边呐喊，我们也做出回应，但是风声和浪涛声都很大，根本听不清楚对方说的话。我们看到岸边有几条小船，就拼命地招手并呼叫，希望能够得到对方的接应。可他们不知是不明白我们的意思，还是觉得没有办法救我们，竟把船划走了。天渐渐暗了下来，夜幕很快就要降临了，我们仍然没有办法登陆，只希望风能早一点缓和下来。这时我们都决定睡一会儿，于是和那个浑身湿透的荷兰人一同挤进了小船舱。船头不时有海浪拍打着，而我们身上也不时有海水溅过来，很快就同那个荷兰人一样，浑身上下湿透了。我们怎么都睡不着，就这样躺了一夜。到了第二天，风终于缓和下来了。除了一瓶浑浊的甜酒和咸海水，我们在海上吃的喝的都没有，就这样漂流了 30 个小时，只能想尽办法在天黑之前赶到安博依。

那天晚上，我感觉自己有点发烧，于是很早就上床休息了。我记得曾经在哪本书上看到过，喝大量的冷水具有退烧去热的作用。这个方法真的很灵验，我照着做了，出了大半夜的汗，烧也跟着退了。第二天一大早，我乘船上岸，步行 50 英里去往柏灵顿，因为听说那里有船驶往费城。

这一天雨很大，而且下个不停，我全身都被淋湿了。中午的时候，我已经精疲力竭，就找了一家旅馆住了一宿。那家旅馆不仅小，而且很破旧，这时我真希望自己从来不曾离开过家。我的样子狼狈不堪，相信别人定会以为我是私自逃跑的仆人，甚至有可能会被抓起来。第二天我继续赶路，晚上在一家小客栈休息。这家小客栈距离柏灵顿大约有 10 英里，老板是位医生，名叫约翰·布朗。在和我闲聊的过程中，他发现我读过一些书，有一定的学识，对我非常友好。他去世前，我们一直保持着联系。他见多识广，对英国城镇和欧洲各个国家的情况都十分了解，因此我猜想他很有可能是个四处行医的郎中。他很有学问，而且天赋不错，但对宗教却很轻视。他在宗教方面的有些做法令我不能苟同，例如他曾经恶作剧地将《圣经》改写成韵文，不过在我看来，他的改写和科顿当年改写维吉尔的诗歌一样，都很蹩脚。《圣经》在他改写后已经变得面目全非，很多事实都显得荒唐可笑。还好没有印刷，要是印刷出版了，弱智者肯定会深受其害。

那天我就在他的客栈住了一晚。第二天早晨，当我到达柏灵顿时才发现，原来开往费城的定期航船在我们到达前不久就已经起航了，下一趟班船要等到下个星期二才有，而这天是星期六，这就意味着我还要等上好几天。我心情低落，但又没有办法，只好回到城里，让一位老妇人（我在她那里买过姜饼，打算在船上吃）帮我想想办法。她让我先住她家里，等下一趟班船来了再走。我步行太多，疲倦至极，就住在了她的家里。

我告诉她我是个印刷工人，于是她便建议我留在那个城里重操旧业。可是她根本不知道干印刷这行起步有多么艰难。她对我十分热情，还请我吃牛肉，我很想回报，但她只接受了一瓶淡啤酒。我想我唯有留在这儿等星期二那趟班船了。晚饭后我去河边散步，没想到那里竟然有一艘船，正要去费城。船上有好几个人，在他们的允许下我上了船。没有风，我们只能划船前行。到了半夜，仍然看不到费城，于是船上有人认为费城已经过了，不能再继续往前划了。而其他的人也不知到了什么地方，只好将船划向岸边，进入一个小湾，在破旧的木围栏附近上了岸。这时正值十月，晚上很冷，我们就用栏木燃起篝火，等待着黎明的到来。这时，一个伙伴认出我们所待的地方是距离费城不远的库柏湾。于是，我们将船划出小湾，很快就看到了费城。大约星期天早晨的八九点钟，我们到达了费城，在市场街码头上了岸。

我对这次旅行叙述得很详细，接下来的情况我也要作同样详细的叙述，我这样做是想要让你知道这前后的差别究竟有多大：虽然起步艰难且颇费周折，但后来却功成名就。我当时穿的是工作服，这一路奔波已经弄得很脏了，像样的衣服还没有从海上托运过来。我在这里人生地不熟，要找什么人，要住在哪里一概不知。这么长时间的旅行、划船，没怎么休息，我已经疲惫不堪，饥饿难忍，身上总共就只有一块荷兰币和大约一个先令的铜币。我把铜币作为船费交给了船上的人，起初他们不肯收，因为我也帮他们划船了，不过我还是坚持让他们收下。一个人越是没钱越是显得慷慨，这可能是怕别人以为他真的没钱吧。

我走在街上，忽然发现市场附近有一个拿着面包的小男孩。我在哥哥的印刷所时就有拿面包当饭吃的习惯，就问他在哪里可以买到，他告诉我第二大街有个面包房，于是我就往那里走去。我原以为费城的面包和波士顿的一样，但事实并非如此。我要买 3 便士一卷的面包，他们说没有。于是我就告诉他们只要给我 3 便士吃的东西就行了。他们按照我说的给了我 3 个面包卷，我很意外，但最终还是拿走了。因为口袋里装不下，我就把两个面包卷分别夹在胳膊下，剩下的那个拿着吃。我就这样从市场街走到第四大街，途经里德先生——我未来的岳父的门口。一名女子（她就是我未来的妻子）正站在门口，刚好看见了我，觉得我的样子非常滑稽，其实不只是她，就连我自己也这样认为。接着，我转身走过了栗子街和胡桃街，边走边吃，突然发现自己又回到了市场街码头，附近就是我们的船停泊的地方。我去码头那里喝了点河水。这时，我看到一个女人和她的孩子（她们和我同乘一条船，正在等船继续赶路），我自己已经吃了一个面包卷，就把另外两个给了她们。

吃完面包，我感觉体力有所恢复，接着又去大街上漫步，我看到街道上有许多穿着整洁的人都朝着一个方向走去。我加入他们的行列，来到了市场街附近“教友会”的礼拜堂，在他们中间坐下，四下看了看，大家都很安静，没有人出声。由于我前一天没有休息好，坐着坐着就睡着了。礼拜结束时都没有醒过来，幸好有位好心人将我叫醒。就这样，我在费城度过了第一个夜晚。

我又朝河边走去，一路上人潮涌动，我早已湮没其中，忽然发现一位年轻的教友会教徒，那人看起来很和善，我便上前跟他打了个招呼，向他询问外地人可以在哪里投宿。当时在我们俩站的地方附近就有个“三水手”的招牌。他说：“这儿对于外乡的客人接是接待，就是名声不太好。如果你愿意跟我走的话，我可以帮你找一家比较好的。”他把我带到水街一个叫“克鲁克”的旅馆。在那里，店主为我安排了午餐，可能我的年龄和相貌令他觉得我是私自逃出来的，于是他在我吃饭时趁机试探性地问了我几个问题。

午饭后，我有点困，就让店主带我去休息，一看到床铺我就和衣躺下了，一觉睡到晚上 6 点钟，晚饭时才被叫醒。当晚我很早就上了床，舒舒服服地睡到第二天早上。这天，我穿着整齐地前往安德鲁·布雷福德的印刷所。老板的父亲（我之前在纽约见过他）当时也在那里。他到达费城的时间比我早，是骑马来的。他把我介绍给他的儿子，他儿子对我非常热情，还请我吃了早饭，不过他说自己前不久刚刚雇了一个人，目前不缺人手。但是他告诉我说，城里另外一家新开的印刷所可能会雇用我，即使不雇用，他也会欢迎我住在他的印刷所里，而且他答应不定期地给我一点活儿先干着，直到我找到比较好的工作为止。

老布雷福德先生说，他愿意和我一起去见那家新开的印刷所的老板。见到老板凯默时，布雷福德介绍说：“朋友，我带了一个年轻人来看你，他是个不错的印刷工人，我想你一定需要这样的人吧。”问了我几个问题之后，凯默递给我一个排字盘，想看看我如何操作。经过一番测试之后，他告诉我说，目前还没有什么事情可做，但他不久就会雇用我。他和老布雷福德先生素未谋面，却将其视为满怀善意的同乡。还和他谈起自己目前的经营状况和未来的一些设想。凯默还表示，他非常希望自己能够在不久之后掌握本行业的大部分生意。凯默说出这些话后，老布雷福德并没有亮明自己的身份，而是提出几个巧妙的小问题和一些疑问，以使凯默将自己的计划（包括其意图、仰仗的势力、采取的步骤等）和盘托出。他们谈话时，我就站在旁边，可以很明显地看出这两个人的巨大差别：老布雷福德老谋深算，而凯默则经验不足。老布雷福德先生走后，我留在了凯默的印刷所。当我告诉凯默那个老人是谁时，他非常吃惊。

凯默的印刷所里有一台老式印刷机，其英文铅字不但小，而且已经磨损了，当时他正在用这样的铅字排纪念阿基拉•罗斯的挽歌。这个人我曾经在前面提到过，他是州议会的秘书，年轻有为，品德高尚，而且还是位优秀的诗人，在费城备受人们尊重。凯默自己也作诗，但在我看来十分蹩脚，而且也不能说是作诗，因为他没有稿子，不过是将自己的想法直接用铅字排出来，排字盘只有一套，而排挽歌就几乎占用了所有的铅字，别人根本没办法帮他。这台印刷机他从来没有用过，因为不知道如何使用，于是我帮他装好，以便于随时使用，而且还答应他，等他的挽歌排好了，就来帮他印刷。安顿好凯默印刷所的事情之后，我回到布雷福德的印刷所，老板给我安排了一些事情做，并且供我吃住。几天后，凯默派人来叫我去印挽歌。此时，他又购得一套排字盘，打算重印一本小册子，就让我负责这项工作。

无论是布雷福德还是凯默，在我看来，都跟其工作不太相称。布雷福德原本就不是搞印刷的，也没什么文化；凯默虽然可以称得上是有些学问，但也不过是个排字工人，根本不懂得印刷。凯默曾经信奉法国先知派，从其做事风格就可以看出那一派激昂而冲动的特点。他这时已经不再信奉任何宗教，有时却又似乎属于任何教派。他不懂得人情世故，而且还有点儿无赖，这一点是我后来才发现的。我在他的印刷所工作时住在布雷福德那里，对此他很不高兴。他倒是有一所房子，但里面什么也没有，根本无法居住。后来，他帮我找到住的地方，房主我在前面提到过，就是我未来的岳父里德先生。也正是在这时，我的衣服和箱子运到了，在里德小姐看来，我现在的打扮与她第一次碰到我在大街上吃面包卷的时候相比，要体面得多。

在这期间，我在城里结识了一些喜欢读书的年轻人，晚上常和他们待在一起，并从中获得很大的快乐。凭着勤劳和节俭，我挣了一些钱，生活得很好，这时，我尽量不去想波士顿，除了科林斯以外，不想让那里的任何人知道我在哪里。科林斯知道我的去向，我写信告诉他帮我保密。不过后来发生了一件事，使我不得不再次回到波士顿。我的一个姐夫罗伯茨·霍姆斯，是个帆船船长，在波士顿和特拉华两地间做生意。他住在纽卡斯尔，那里距离费城只有40英里，他听说我现在人在费城，就写了封信给我，信中说亲友们很担心我，都希望我能够回去。他还向我保证，没有人会对我不利。只要我愿意回去，大家什么事都依着我，他自己也盼望我能回去。我回信告诉他，我很感谢他的来信和劝告，同时也说明了我为什么要离开波士顿，希望他能了解目前我的情况并不糟。

威廉·基斯，宾夕法尼亚州总督，那时也在纽卡斯尔，霍姆斯船长收到我的信时，他恰好也在场。我姐夫跟他说起我的事情，还给他看了我的信。当得知我的年龄时，他惊讶极了。他说我将来一定前途无量，像我这样应该得到支持才对，还说费城的印刷所办得都不好，要是我在那里创业的话，一定会取得成功。就他个人而言，他是很乐意帮助我创业的，不论是公共事务方面的生意还是其他方面的生意，只要是他能力所能及的范围，他都会尽力替我招揽。这些话我当时并不知道，都是后来我回波士顿时姐夫霍姆斯告诉我的。

一天，我和凯默正在窗户旁边工作，忽然看到两个穿戴整洁的人（一个是总督，另一个是纽卡斯尔的弗伦奇上校）穿过马路，径直朝我们这边走来，之后就听到有人敲门。凯默急忙跑下楼，他以为总督是来找他的。谁知总督说要找我，接着就走上楼来。他谦恭有礼，对我说了许多赞美之辞，令我感到很不自然。他说他早就想认识我，还问我为什么到这个地方都不告诉他，还说他正打算和弗伦奇上校去酒店品尝一种叫马德拉的上等美酒，邀请我跟他们一起去。对于他的举止和言谈，我感到十分惊奇，凯默更是惊呆了。不过，我最后还是跟着他们去了酒店。那家酒店就在三道街的拐弯处，我们一边喝着马德拉酒一边聊天。总督鼓励我创业，还说他相信我一定会成功。他和弗伦奇上校都说会在军政方面运用自己的势力和影响为我招揽生意。我总担心父亲不一定会支持我这么做。总督说他会写信给我父亲，设法说服他，并称自己对此很有信心。就这样，开办印刷所的事情定了下来，等总督写好信之后，我就会乘下一班船回波士顿。当然，这个计划不能公开，我还像往常一样继续在凯默的印刷所工作。这期间，总督常常派人来请我过去跟他一起吃饭，对我热情友好，无话不谈，我对此感到无上荣耀。

大约在 1724 年 4 月底，有一艘小船要开往波士顿。我告诉凯默要去探望朋友，接着便跟他辞了行。总督给了我一封厚厚的信，信中对我大加称赞，要我父亲以我为荣，还说他非常支持我在费城兴办印刷所，并且相信我一定会大有作为。小船在经过海湾时碰到暗礁，开始漏起水来。当时我们在海上还遭遇了暴风，只有不停地用抽水泵排水，我也和船上的人一起轮流值班，经过 14 天的艰难航行之后，我们终于平安到达目的地。我离家已有 7 个月了，由于姐夫霍姆斯这时还没有回来，也没有在信中提到有关我的消息，亲友们对我的情况一无所知。因此，全家对我的突然出现都很惊讶，而且都很高兴我能够回来，只有我哥哥除外，是我到印刷所去看他的。与给他当学徒时相比，我现在的穿戴要好得多，从头到脚焕然一新。我还戴了一只表，口袋里也装着银币，大约有 5 英镑。他看到我时并没有表现出激动和喜悦，反而显得不大自在，上下打量我一番之后就继续干他的活去了。

看到我的样子，印刷所的工人们很好奇，问了我许多问题：我去了什么地方，那个地方怎么样，我是不是喜欢，等等。我告诉他们费城是个很不错的城市，我在那里一切都好，还表示很想回去。有一个工人问我费城的钱是什么样子，我就将口袋里的银币全都掏出来放在他们面前，他们看到后非常惊奇，因为波士顿这里用的是纸币，银币对于他们来说还是第一次见到。接着他们还看了我的表。最后，看到哥哥生气的样子，我给了他们一点酒钱就离开了。对于我的这次拜访，哥哥十分恼火。后来，我母亲劝他和解，希望我们兄弟可以和睦相处，他说我在他的工人面前令他难堪，他会永远记得，不会原谅我。可是，他真的误会我了。

父亲看到总督写给他的信时，非常惊讶。但是之后的好几天，他并未对我说起兴办印刷所的事。姐夫霍姆斯船长回来以后，他把信拿给他看了，还向船长询问有关基斯的情况，说基斯让一个尚未成年（还差 3 年才算成人）的孩子去开业的做法实在是有些草率。霍姆斯非常赞同基斯的做法，可父亲认为这样做并不妥当，最终还是没有答应。后来父亲给总督基斯回了一封措辞非常委婉的信，感谢他对我的照顾，但表示不能资助我开业。在他看来，我太年轻承受不了这么重的担子；此外，印刷所的筹备创办费用也太大了。

我的朋友、伙伴科林斯是名邮局职员，听我说起有关新大陆的情况，很感兴趣，也想去费城那里发展。因为我要等父亲的决定，他就比我先行一步，从陆路去了罗德岛。他临走前，将一些数学和自然哲学方面的书籍交给我，要我把这些书和我的书一同带到纽约去，他会在那里等我。

虽说父亲对威廉爵士的建议并不赞同，但看到我现在的状况心里还是很高兴。因为我能得到那样一个有名望的人的举荐，还备受其称赞；此外，我做到了刻苦谨慎，仅仅 7 个月就发生如此大的变化。当他发现我和哥哥一时之间难以和解时，就同意我返回费城，还教导我要善待当地人。他说我曾经有讽刺和诽谤的不良习惯，希望我能够戒除。他还安慰我说，只要我恪守勤劳和节俭，21 岁时应该会有足够的钱去兴办自己的印刷所。等到我的准备工作快做好时，不足的部分他愿意帮我解决。父亲能提供给我的就是这些，另外还有几件象征父母慈爱的小礼物。就这样，我再次动身前往纽约，与第一次不同的是，这次是带着父母的认可与祝福去的。

帆船进入罗德岛，在纽波特停了下来。哥哥约翰在那里成了家，已经定居好几年了，我正好借这个机会去探望他。他向来都很疼我，因此看到我时非常高兴，热情地接待了我。他有个朋友叫佛农，在宾夕法尼亚州有人欠他大约 35 英镑。哥哥要我替佛农收回欠款，并代为保存，至于什么时候汇去要等他的通知。随后，他给了我一张汇单。我万万没有想到，这件事后来竟令我陷入极大的不安当中。

在纽波特，船上增加了一些乘客。其中有两个同行的年轻女人，还有一个主妇模样的教友会女人和她的仆人。这位教友会女人穿着庄重，也很明理。我曾向她表示，如果她有什么需要帮忙的，我会很乐意为她效劳，相信她还记得我，而且对我的印象不错。因此，当她发现我和那两个年轻女人交往甚密时，便私下对我说："小伙子，说实在的，我很担心你啊！你出门在外，身边又没有什么朋友，似乎也很缺乏社会经验，这样很容易上当受骗。一不小心，可能就会误入那些居心叵测的人的圈套。你是个不错的年轻人，因此我想奉劝你几句，你和她们素不相识，别和她们交往了。"起初，我觉得那两个女人并没有她说的那么坏，但是当她告诉我自己的所见所闻时，我才明白她说得很对。我感谢她给予我的忠告，并答应不再和那两个女人来往。我们到达纽约时，那两个女人将她们的地址告诉我，还邀请我到她们那里看看，但我没有理会。还好我没有去。第二天，船长发现丢失了一把银汤匙和其他一些东西。他知道那两个女人是妓女，就弄到一张搜查证去她们住的地方搜查，结果查到了赃物，让这两个小偷得到了应有的惩罚。虽然我们航行途中避开了触礁的危险，但我认为躲过这一劫对我有着更为重要的意义。

在纽约我找到了朋友科林斯，他已经来了有一段时间了。从小我们就是好朋友，就连读的书都是一样的。但是他有更多的时间学习，而且在数学方面有很好的天赋，我自叹不如。在波士顿，我只要一有空就来找他聊天。他滴酒不沾，是个勤奋的小伙子。当时几个牧师及其他一些绅士非常赏识他，都认为他将来一定前途无量。可是，在我离开波士顿的这些日子里，他变得嗜酒如命，爱上了白兰地。这是他告诉我的，我也听别人说过。自从到了纽约，他天天喝得酩酊大醉，行为也不太正常。不仅如此，他还学会了赌博，把自己的钱都输光了，因此，他住宿以及去费城和在费城的花费，我都得替他支付，这一切令我很不愉快。

当时的纽约总督伯内特（伯内特主教的儿子）从船长那里得知，船上有个年轻乘客带了很多书，就请船长带我去见他。对此我当然十分乐意。本来我想跟科林斯一起去，但是他喝醉了。那位总督热情地接待了我，还带我参观了他的藏书室，宽敞极了。除此之外，我们还对书籍和作者的问题进行了深入的探讨。有一个总督对我表示出关注和赏识，我感到无上荣耀。

我们继续赶路，途中我收取了佛农的欠款，因为没有这笔钱，我们要想到达费城实在是很困难。科林斯想在某个会计处工作，虽然有几封推荐信，但还是没有被录用，因为人家从他身上的气味，或从他的举止发现他有饮酒的习惯。他和我吃住都在一起，费用还是由我来承担。他知道我帮佛农收取了欠款，就不停地向我借钱，许诺一有工作就还给我。时间一长，他借的钱数越来越多，我很担心，一旦我哥哥要我寄钱过去，我该怎么办呢？

他还是照常饮酒，而且一喝醉就乱发脾气，我们有时候会因为这个而争吵。一次，在特拉华河上，我们和另外几个年轻人在船上轮流划船，轮到他时，他拒绝了。

“我要回家，你们必须划我回去。”他说。

“不给你划。”我回答。

“你们不划的话，我就待在这儿不回去了，看你们还划不划？”他说。

“就我们划好了，他这样算什么呀？”其他人说。

可我一想到他在其他方面的行为已经让我很恼火了，所以我仍然不同意。而他非坚持让我划不可，否则就要把我扔到河里去。他说着说着就向我走来。就在他要对我动手时，我把手伸到他的胯下，将他扔进了河里。我很清楚他是个游泳能手，所以对他一点也不担心。不过在他试图抓住船沿时，我们向前划了一点，让他够不着。就算他离船很近，我们也要问问他是不是改变主意愿意划船，如果不是，我们就又划起桨不去管他。他气得要命，但就是不答应划船。不过到后来我们看他快要支持不住了，就把他拉上来，天黑时，他浑身湿透了，我们也没有理会，直接把他带回家了。

自那以后，我和他之间几乎就没有说过和气的话。后来，一个航行于西印度群岛的船长要帮巴巴多斯岛一个绅士的儿子找家庭教师，碰巧遇到他，便同意带他到那边去。他临走的时候，答应一拿到工资就还给我。可是，那以后我就再也没有他的消息了。

佛农的钱在我手里散尽，这是我这一生中犯下的一个重大错误。当初父亲说我太年轻，还不能开业，通过这件事也说明他的判断并非没有道理。但是威廉爵士一看到这封信就说他太谨慎了，人与人之间的差别很大，谨慎与年龄并不一定成正比，年轻人也可以做到谨慎行事。“既然你父亲不愿意支持你，”他说，“那我愿意帮你达成愿望。你开一张货单给我，注明需要从英国购买的东西，我去派人订购。以后你有能力的时候再还给我。我决心要在这里兴办一家像样的印刷所，我确信你一定会成功。”他说这话时态度是如此诚恳，以至于我对他没有任何怀疑。我一直没有公开要在费城办实业的计划，这时也是一样。如果有人知道我依靠总督，那么我那些对总督比较熟悉的朋友一定会劝我不要指望他。我后来才听说，他是个从不信守承诺的人。可我并没有去求他，哪里能想到他的慷慨许愿原来就只是骗人的把戏呢？在我心里还一直认为他是这世上少有的好人。

我开了一张清单给他，一个小印刷所该有的一些设备都列在上面，算起来大概要 100 英镑。他很高兴，但是问我可否自己去英国购买这些物品，每一样都挑最好的，那样也许会更好些。他还要我到那里以后，多认识一些从事书籍和文具买卖的人，今后就可以和他们结成生意上的合作伙伴。我也觉得这样做对我很有利。他还吩咐说：“那你去准备一下，就乘‘安尼斯’

号船去。”这艘船往返于伦敦和费城之间，每年只有一次航班。但是还有几个月“安尼斯”号才起航，于是我就继续在凯默的印刷所工作。科林斯从我这里借走的钱一直令我很不安，我每天都在担心佛农要我把钱汇过去。但是，之后的好几年他都没有提起这事。

我从波士顿初次来到费城的一些情况应该还没有告诉你。去费城的途中，我曾在布劳克岛附近待过一阵子。当时海面平静下来，船上的乘客就去钓鳕鱼，而且收获不小。我向来不沾荤，还记得特赖昂老师曾经说过：吃一条鱼就如同伤害一条人命，而且是无辜的伤害，因为鱼并没有伤害过我们，也伤害不了我们，杀害他们毫无道理。这些说法似乎很有道理。但是我过去非常爱吃鱼，一看到热气腾腾的鱼从油锅里端出来，就无法控制自己，总会在欲望和原则之间犹豫。但最终当我想起有人剖开鱼腹从中取出许多小鱼的情景时，就对自己说：既然你们大鱼能吃小鱼，那么我为什么就不能吃你们呢？这样我也就无所顾忌，尽情地吃鳕鱼，后来也和别人一样吃荤，有时也吃素。对于有理智的动物来说，无论他想要干什么，总是能找到或是制造出理由来。

我和凯默相处得很好，因为他对我要办实业的计划毫不知情。他还保持着以前的那种热情，喜欢辩论，我们之间已经有过多次交锋了。我常常采用苏格拉底的辩论方法，一开始离题甚远，然后提出一个个问题以引他进入我设好的圈套，最终令他陷入困境和矛盾之中。我的这种辩论方法让他变得谨慎起来，甚至谨慎得有点可笑，对于那些最普通的问题都不敢作答，总要先问一下："你是不是又想着从这个问题中推出点什么呢？"不过，这使他对我的辩论水平深为佩服，甚至提议让我跟他一起创办一个新教派——他负责宣传教义，如果遇到反对者，我就出面反驳。他解释的教义中，很多地方连我都很难赞同，必须凭借自己的理解，或者加上我的观点才能够彻底阐明。

摩西教义里有"胡须的周围不能玷污"这样的明文规定，因此凯默留着满脸的胡须，同时坚持将每周的第七天作为安息日（这是教规）。对凯默来说，这两件事都非常重要，但我却不能接受，除非在教义里面加上这样一条——"不吃荤"。他说："那样的话，我怀疑我的身体承受不了。"我让他放心，而且向他保证那样做身体不仅能够承受，而且还会越来越好。他爱吃荤食，要是突然间改吃素食，处于半饥半饱的状态，相信一定会很有趣。他答应试试，但是要求我陪他一起。我同意了，接着我们就一起坚持了 3 个月。我们将饮食交由邻居一个妇女负责，每次她都会做好送过来。至于究竟要吃哪些东西，我定了一个食谱，列出一个没有任何荤食的菜单，上面有 40 种菜肴，轮换着吃。这种一时的兴致帮我们减少了伙食上的开支，因为素食在那时很便宜，每周只要差不多 18 个便士就完全够用。从那以后，我严格遵守素食习惯。四旬斋过后，我又突然改吃斋食，后来又从斋食突然转换到平常食物，一点都没有感觉到不方便。有人说，食物的转换往往需要一个渐渐适应的过程，对此我并不这么认为，食物的转换对我来说是一件轻松而又愉快的事情。但凯默并不是这样，他吃了不少苦，已经渐渐对计划厌恶起来。他很想吃埃及式烹调的肉，于是就订购一份烤猪，并邀请我以及他的两个女友和他一起共享盛宴。可是这道菜端上餐桌没多久，他实在抵挡不住诱惑，还没等我们来就全都吃光了。

我在这个时期向里德小姐求爱了。我深深地爱着她，并且我相信她对我也是如此。但是我将要去远航，而且我们俩年龄都还小，才刚刚过 18 岁，所以她母亲叫我们不要太过着急，要谨慎一些，即使结婚也要等我从海外回来才行，因为那时我应该已经像所期望的那样有了自己的实业。也许在她看来，我的想法有点不切实际。

我在这段时间里的主要交往对象是：查理斯·奥斯本、约瑟夫·沃森以及詹姆斯·劳尔夫，他们都很爱读书。前两个人在查尔斯·布罗格手下做文书工作，布罗格是城中很有名望的公证人或产权转让事务律师；劳尔夫在一家商行当职员。沃森是个诚实而又明白事理的年轻人，信仰虔诚。另外两个人在信仰上比较淡漠，特别是劳尔夫，他和科林斯一样，受我的影响在信仰上发生动摇，为此他们两人让我吃了不少苦头。奥斯本通情达理，为人正直坦率，对待朋友热情真诚，只是过于喜欢评论文学作品。劳尔夫头脑聪明，很有绅士派头，尤其能言善辩，我想我从未见过比他更善于辞令的人。他和奥斯本都很喜欢诗歌，而且开始尝试着写一些小诗。每到星期天，我们都会高高兴兴地去斯基库尔河附近的丛林里，一边散步一边轮流诵读，并对所读的作品进行评论。

劳尔夫喜欢研究诗歌，他对自己会成为一位诗人并且通过诗歌发财致富这一点毫不怀疑。他还宣称，即使是最好的诗人，在其初学作诗阶段也会像他一样犯错误。奥斯本说他没有作诗的天赋，劝他不要异想天开，还是好好地干自己的老本行吧；说他虽然在经商方面没有什么资本，但为人勤劳，讲究信誉，可以做个代理商，随着资金逐步积累，独立经营应该不成问题。我偶尔也作点诗，主要是为了自娱和提高语言的表达能力，除此之外别无其他。

鉴于我对作诗的这种见解，有人就建议我们每个人在下次聚会的时候都拿出自己的诗，通过大家相互的鉴赏、批评和纠正以达到提高的目的。我们注重的是语言及表达，个人的创作并不是重点，因此大家同意改写《赞美诗》第十八篇，也就是描写上帝的那一篇。聚会的日子快到了，劳尔夫来找我，说他已经写好了诗。我对他说，我最近一直很忙，而且又没什么诗兴，所以还没有动笔。他就将自己的诗拿来给我看，要我谈谈自己的看法。我称赞说，他的诗写得好极了。劳尔夫说他有一个计划，希望我能够参加。他告诉我说："事情是这样的，奥斯本从来都不肯承认我的任何作品的优点，一直认为我写的东西很糟糕，总是吹毛求疵，我想这一定是他的嫉妒心在作祟。不过他对你倒不会这样，因此我想请你拿着这首诗，告诉大家是你写的。我就假装没有时间，一直都没动笔，到时看看他们会是什么反应。”我同意了，接着就誊写一遍，看上去很像我自己写的。

我们相聚的日子到了。沃森首先诵读了自己的作品，尽管有一些诗句非常精彩，但也有不少毛病。接着读了奥斯本的作品，他的要好得多。劳尔夫的评论很公正，指出了诗中的一些错误，也赞扬了精彩的地方。他说自己没有写，而我则拼命向后躲闪，装作要请求他们原谅的样子，还说没有来得及修改，等等。但是他们不肯，非要我拿出来不可。我只好读了一遍，而且又重复了一遍。沃森和奥斯本两人主动放弃竞争，都对诗大加称赞。劳尔夫只是做了一些点评，建议作一些修改，但是我为原诗辩护。奥斯本此时又来反对劳尔夫，说他的评论比他的诗歌好不了多少，劳尔夫也就退出了争论。当他们两个人一起回家的时候，奥斯本还把那首诗当成我的作品对之大加称赞，还说当时他没有夸奖，那是在克制自己，以免被我误认为是有意奉承。“真是太出人意料了！”他说，“富兰克林竟然能写得那么好，绘声绘色，慷慨激昂，甚至比原诗还好！他在平常谈话时似乎并不注意选词，说话不连贯，还有很多语病。天哪！他的诗写得真是太美了！”后来，我们再一次聚会时，劳尔夫公开了事情的真相，奥斯本受到大家的嘲笑。

这件事让劳尔夫下定决心要成为一位诗人。我曾经劝他多次，他都没有改变心意，最后还是蒲柏说服了他。他后来成为一位相当出色的散文家，后面我还要提到他。另外两位以后可能不会再提到，因此我就在这里说明一下：沃森是我们几个当中的佼佼者，几年以后竟然死在我的怀里，我悲痛极了。奥斯本去了西印度群岛，在那里成了一名出色的律师，并且赚了不少钱，可惜也是英年早逝。他和我曾经有这样一个约定：不管谁先离开人世，只要有可能，得在死前去拜访另外一个，向他讲述所在地方的风光。但是他最终没能实现自己的诺言。

总督好像很喜欢我的陪伴，经常要我到他家里去，总是提到助我开业的事情，似乎木已成舟。他答应在我走之前，给我一张信用证以便于提供给我足够的钱用于购买印刷机、铅字和纸张等，另外还有几封把我介绍给他朋友的信笺。为了取那些信笺，我去找过他好几次，每次去都说等下一个时间，船期也随之一推再推。眼看距离扬帆起航的日子越来越近了，我又去辞行取信时，他的秘书巴德博士出来告诉我说，总督正忙于写信，要我在船到之前先赶到纽卡斯尔，在那里一定把信交给我。

尽管劳尔夫已经结婚，还有个孩子，但是他仍然决定跟我一起远航。我原以为他去那边是要建立一些联系，好销售货物提取佣金。但我后来发现：他是和妻子家的人闹翻了，想把妻子留给他们，自己一去不回了。我跟朋友告了别，还与里德小姐彼此做了承诺，然后乘船离开了费城。船到纽卡斯尔时停了下来，总督果然在那里。但我去找他时，出来见我的又是他的秘书，谦恭有礼地说，总督先生因为重要公务缠身不能来见我，但是一定会把信笺送到船上交给我，还祝福我旅途愉快，早日归来等等。回到船上，我心中困惑极了，但我仍然没有怀疑他的诚意。

安德鲁·汉密尔顿先生是费城很有影响的一名律师，他带着儿子与我同行。和他们一起的还有教友会商人德纳姆先生以及马里兰州铁厂的两位老板奥奈恩和罗赛尔先生，他们占了头等和二等船舱，我和劳尔夫的铺位只好安顿在三等舱了。我们在船上没有认识的人，也被别人当作是普通人。但是汉密尔顿先生和他的儿子（詹姆斯，后来担任过总督）要从纽卡斯尔返回费城，因为那里有一艘船被扣押，有人用重金请老汉密尔顿去帮他辩护。船正要起航，弗伦奇上校来了。他对我很有礼貌，别人也就对我和劳尔夫关注起来。那些绅士邀请我们到头等舱，那里正好有位子空出来，因此我们就去了。

我以为弗伦奇上校已经把总督的信笺带到了船上，就请船长把那些信交给我保管。他说所有的信笺都装在袋子里，当时没办法拣出来，不过到达伦敦前，会给我机会把那些信笺找出来的。因此我放下心来，听任船继续前行。头等舱里都是些善于交际的人，彼此之间相处得非常融洽；此外，汉密尔顿先生留下的许多东西对我们的旅途很有用处，大家都很愉快。教友会商人德纳姆先生和我在途中结交并成为终生的朋友。不过这次航行从另一方面看也算不上愉快，因为许多日子的天气都很糟糕。

我们进入英吉利海峡后，船长遵守承诺，让我在信笺袋里找总督的信。但是那些信笺里没有一封是写给我或要我转交的。

于是我便根据他的笔迹从里面挑出了六七封，猜想有可能是总督答应为我写的信，特别是其中有一封给皇家印刷所巴斯克特的信，还有一封给某个文具商的信。1724 年 12 月 24 日，我们的船抵达伦敦。下船后，我首先拜访了途中经过的文具商，并把信交给他。“我不认识这个人，”他这么说着，但还是拆开了信，“啊，这是里德尔斯登写的。我最近发现他就是个骗子，我要和他断绝一切往来，也不想收到他的任何来信。”他又把信还给我，转过身去接待别的顾客。我惊奇地发现这些信都不是总督写的，再仔细回顾和比较前前后后发生的一系列事情，开始怀疑他的诚意。我找到朋友德纳姆先生，告诉他事情的前因后果。他对我说明了基斯的人品，说他绝对不可能为我写信，他认识的人中没有一个会相信他。他还嘲笑总督，说他答应给我写信用证，可是连自己的信用都无法保证。我当时满腹惆怅，不知下一步该怎么走，他建议我找份印刷方面的工作。他说：“在这里的印刷所工作，你可以提高自己的技术，以后有机会的话，还可以回到美洲开业。”

文具商说得对，里德尔斯登律师是个不折不扣的流氓，这一点我们两人也很清楚。他曾经劝里德小姐的父亲和他签约，结果令其损失了一大半家产。从这封信看，好像有密谋要陷害汉密尔顿（他们以为汉密尔顿与我们同船到英国），基斯和里德尔斯登都参与了这次密谋。德纳姆是汉密尔顿的朋友，他认为应该让汉密尔顿知道这件事情。不久后，汉密尔顿来到英国。为了表示对他的友好，也因为对基斯和里德尔斯登的厌恶和憎恨，我去拜访了他，并让他看了信笺。他满怀感激地对我表示谢意，因为这个信息对他来说很重要。此后，他就和我成了朋友，后来在许多方面都帮助过我。

我们该怎么理解一个总督对一个贫穷且无辜的孩子玩这种卑劣的把戏呢？这不过是他的本性而已。他想取悦于人，但又不肯付出，不过是让人空怀企盼罢了。如果没有这些恶习，他这个人还是才思敏捷、明白事理和擅长文辞的。尽管他有时候并不注意听取有资产的选民的意见，但是对一般老百姓来说，他还算是个好总督。有些非常合理的法律都是由他规划、在他的任期内制定并通过的。

我和劳尔夫形影不离，以每周 3 先令 6 便士的租金一同住在小不列颠街道，这是我们当时能担负得起的最大数额了。他找了一些亲戚，但他们都很穷，没有能力帮他。这时他对我说了他留在伦敦的意图，不打算再回费城了。他已身无分文，所带的钱全花在旅途上了。我还有 15 个披斯托尔（相当于 22 英镑），他常常向我借钱维持生计，同时四处找工作。起初他想进剧院，觉得自己能够当一名演员，就向威尔科克斯求职，可是对方却直接劝他放弃这个念头，因为在那个行业里不可能有什么成就。后来他提出要为佩特诺斯街一个出版商罗伯茨编写像《旁观者》那样的周报，还提出几个附加条件，罗伯茨没有同意。接着，他试图在伦敦法学院附近的文具商或者律师那里求职，做些誊写工作，但是都未能如愿。

我很快在巴斯罗米区一家印刷所找到了工作，这家印刷所就是帕尔默印刷所，在当时还算有名气，并在那里待了将近一年。我工作很努力，可是我和劳尔夫却把我的大部分收入消费在剧院和其他娱乐场所，还把我原来带的15个披斯托尔也花光了，这时我们两人只好勉强度日。劳尔夫似乎完全忘记了他的妻子和孩子，而我也渐渐忘记了和里德小姐的誓言，仅仅给她写了一封信，告诉她我一时间回不去了。这是我一生中所犯的另一个重大错误。要是时光能够倒流，我一定会改正这个错误。事实上，按照我们的花费，我经常处于没钱回家的境地。

帕尔默印刷所要再版沃拉斯顿的《自然宗教》，让我去排字。他的有些论据在我看来不够充分，于是我就写了一篇短小的哲学论文，对他的论点进行评论。我论文的题目是《论自由与必然，欢乐与痛苦》，并把它献给我的朋友劳尔夫，还少量地印了数册。没有想到的是，帕尔默先生一次偶然机会见到了这篇文章，非常重视，称赞我是个有才学的年轻人，尽管他严厉地抨击了小册子中阐明的、他认为是可恶的论点。可是，印行这本小册子却是我犯的又一个错误。

我住在小不列颠的旅馆时，认识了一位名叫威尔科克斯的书商，他的书店就在我住的旅馆隔壁。他收集了很多旧书。那时候虽然还没有流通图书馆，但是我们以合理的条件达成了协议，协议的具体内容我现在已经忘了，大致是说我可以从他那里借阅任何书然后归还。我从中获得很大的便利，并充分利用了这个有利条件。

不久后，一个叫莱昂斯的外科医生——他是《人类判断的正确性》一书的作者，我们因此而认识——不知道从哪里弄到了我那本小册子。他很看重我，常常到我这里来，并就此类问题同我交谈。他还带我去齐普赛街一条小胡同里的霍恩斯酒店，并把《蜜蜂的寓言》的作者曼德维尔博士介绍给我认识。他幽默风趣，酒店里有个俱乐部，他是该俱乐部的核心人物。莱昂斯还在巴特森咖啡店把我介绍给佩姆顿博士，后者允诺在适当的时机让我见见以萨克·牛顿爵士，我很期待这样的机会，但始终未能等到。

我身边有一些古玩，其中一个钱包特别珍贵，是耐火的石棉制品。汉斯·斯隆爵士听说这事后就来看我，邀请我去他那位于布卢姆斯伯里广场的家中。在那里，他领我鉴赏了他所有的古董，说服我把钱包转让给他，收藏在他的收藏库中，我因此而获得了很丰厚的报酬。

我们住的寓所里有一个做女帽生意的年轻女人。她在修道院区附近开了一家店铺。她受过良好的教育，知书达礼，活泼开朗，同她交谈令人感到很愉快。到了晚上，劳尔夫给她朗诵戏剧，两人的关系渐渐密切了。不久，她搬到另外一个寓所，他也随她同去，两个人同居了一段时间。但是由于劳尔夫仍然没有工作，她还有个小孩，她的收入不足以维持三个人的生活，因此劳尔夫决定离开伦敦去乡下当老师。他字写得很漂亮，精通算术和簿记，认为自己完全可以胜任教师的工作。这份差事，对他来说的确是有些大材小用，但是前景应该不错。他当时并不想让人知道他曾干过这样卑微的工作，就改名换姓，借用了我的姓氏，这令我感到十分荣幸。他不久就给我寄了封信，说他已经安顿在一个小村庄里（我想可能是伯克郡。在那里，他每个星期有 6 个便士的收入，为 10 到 12 个孩子教授阅读和写作），委托我替他照顾 T 夫人，盼望我给他回信，收信人的地址就是那个地方，收信人是小学教员富兰克林先生。

他这时并没有中断写作，还把最近写的一首长篇叙事诗寄给我，希望能得到我的评论和建议。我都按照他的要求做了，还设法劝他不要再写了。当时扬格新出版一本讽刺诗，我将其中的大部分抄下来给他寄去了。那些诗尖锐地批评了毫无指望的人在追逐诗神，干些愚蠢的事。我真心希望他不要再这样了。但这一切不过是徒劳，他寄来的每一封信都还是诗稿。这时候，那位 T 夫人因劳尔夫的离去失去了很多朋友，也失去了生意，生活日渐困难，常来找我借钱，我也尽自己所能去帮助她。渐渐地，我发现自己喜欢和她来往，那时的我已经没有宗教戒律的约束，依仗她对我的依赖试图对她亲昵（这是我人生中又一错误），可她生气地拒绝了，并将这件事告诉了劳尔夫。这样一来，我和劳尔夫之间的友谊也就破裂了。他回到伦敦时，宣称我过去对他的所有情谊皆因我的所作所为而不复存在了。所以我明白我不能再指望他把我过去借给他的钱，以及我为他预支的钱都还给我。不过，这并没有多大影响，因为他根本就无力偿还，而且失去他的友谊，我反而感觉自己轻松多了。

这时我开始考虑攒一些钱，还想找一份更好的工作。我离开了帕尔默印刷所，到林肯客栈广场附近的印刷所工作，这家印刷所就是瓦茨印刷所，规模很大，我离开伦敦前一直都在那里工作。

过去我在美洲干印刷工时，印刷和排字是不分开的，这令我有很多机会做运动。由于我刚到这家印刷所，被分配在印刷部工作，缺乏身体的运动。平时我只喝水，而其他的工人——大约有 50 来个——都疯狂地喝着啤酒。有时候我上下楼梯，一只手就能拿一大块铅字，而别人要两只手才能拿一块。他们从这件事以及其他一些事看，都感到惊奇，说我这个“喝水的美洲人”比他们这些“喝浓啤酒的人”还要强壮！所里总有个酒店的伙计给工人们供应啤酒。我一个印刷部里的搭档，每天吃早餐前先喝一品脱啤酒，早餐时就着面包和奶酪喝一品脱，午饭时喝一品脱，下午大约 6 点钟时喝一品脱，结束一天的工作时再喝一品脱。我觉得这是一种很不好的习惯，而他则认为有必要，认为喝了啤酒工作起来才有劲头。我设法使他们相信：喝啤酒所产生的力量，与造酒时溶于水中的谷物或者大麦成正比，价值一个便士的面包里面所含的大麦粉比啤酒的含量还要多呢。因此，如果你吃面包再喝一品脱水，所得到的力量比喝一夸脱啤酒要多。可他仍在继续，每到星期六晚上领工资的时候，要拿出四五个先令作为酒钱，而我节省了这笔开支。那些可怜的酒鬼日子过得总是很艰难。

几个星期以后，老板瓦茨安排我到排字房工作，这样我就和那些印刷工人分开了。排字工人要我拿出 5 个先令请他们喝酒，在我看来这和敲诈没什么分别，因为我先前在印刷部已经付过了。老板也是这样认为，并叫我别出这个钱。我坚持了两三个星期，他们随后就把我看成被逐出教会的人，背后给我制造了很多小小的恶作剧，比如我只要稍稍离开一会儿，他们就搅乱我排好的铅字，颠倒页码，搅浑我的东西，等等。他们说这是因为教堂的鬼魂在作祟，还说鬼魂缠着的都是那些没有被教堂接纳的人。尽管有老板的保护，我自己还是无奈地拿出钱来，觉得和这些经常生活在一起的人把关系搞得这么糟糕，实在是太不明智了。

这以后我跟他们和平相处，很快就有了相当大的影响力。我对他们的教堂章程提出了一些合理的修改，并顶住所有的反对意见获得通过。由于我的带头作用，他们中的大部分工人在吃早餐时不再把啤酒、面包和奶酪搅和在一起，也和我一样，从隔壁的饭馆里买一大碗热气腾腾的稀饭，里面拌一些碎面包、涂点奶油、撒些胡椒——这些相当于一品脱啤酒的价钱，即一个半便士。这样吃早餐不仅舒服省钱，还能保持头脑清醒。那些整天醉醺醺的人，由于没有酒钱，店主不肯赊账，就常常跑来向我借钱，按照他们的说法是“灯火熄了”。到了星期六晚上发工资的时候，我等着收他们的欠债，有时候一个星期要给他们付将近30个先令呢！这件事让我赢得了他们的尊敬，他们认为我人很好，是个风趣幽默的讽刺家，使我在他们中间获得了举足轻重的影响。老板知道我从来不缺勤(我不过圣礼拜节)，再加上我排字的技术不错，所以有什么重要的活儿，他常常让我去做，而干这样的事情往往报酬丰厚。因此这段时间我生活得很愉快。

我居住在小不列颠街，因为那儿离上班的地方太远，我就在公爵街找了个住处，对面就是罗马教堂。那是一个意大利货栈，房间在后面的三层楼上。房东是个寡妇，她有个女儿，一个仆人，还有一个看守货栈的工人住在外面。这位房东派人找我原来的房东了解了我的人品后同意我入住，房租和原来的一样，每个星期是3个先令6个便士。她说，房租比较低是因为她希望可以得到房子里住的男人的保护。这个寡妇年纪稍大，从小就是个新教徒，她父亲是个牧师，但因为丈夫而信奉天主教，她对丈夫非常敬重。她过去和上层人物接触较多，熟悉他们的逸闻趣事，甚至是发生在查理二世时代的事情，她也知晓。她的膝部有风湿病，走路有点瘸，因此很少出门，所以有时候很想有人和她做伴。她谈话风趣，无论什么时候叫我，我都会乐意和她聊一个晚上。晚餐我们每人只有半条小鱼、一块面包加牛油、半品脱供两个人喝的酒，但是乐趣在谈话中。我一向作息规律，不给她的家增添麻烦，这使她不愿意让我搬走。结果我和她谈起，听说印刷所附近有个出租的房子，每个星期租金只要两个先令，我的意思是想节省点钱，搬去那里住。她听我这么一说，叫我别搬，以后她的租金每个星期减掉两个先令。从此我就一直住在她那里，到离开伦敦时，每个星期的租金仍是1个先令6个便士。

房东家顶楼上住着一个 70 岁的老处女，这个人深居简出，几乎过着隐居的生活。房东告诉了我关于她的情况：她是个罗马天主教徒，年轻时被送到国外，在修道院里居住，想当修女。但在那边水土不服，又返回英国，而英国并没有修道院。她曾经发誓，在这种情况下，要尽可能地过着修女的生活。因此，她把所有财产都捐给慈善事业，每年只留下 12 英镑以维持生计；就在这 12 英镑里还有很多是用于济贫的，自己只喝稀饭，而且除了煮稀饭以外从不生火。多年来她一直住在那个阁楼，楼下连续不断的租赁客都信奉天主教，都允许她不缴纳房租，认为有她在那里可以得到上帝的祝福。有一位神父每天都来听她忏悔。我的房东说："我曾问过她，像她这样生活，怎么还要天天忏悔呢？""噢，"她回答说，"人的思想不可能清净。"我曾经获准拜访过她。她性格开朗，谦恭有礼，形容和蔼。房间十分整洁，里面没有别的家具，只有一个垫子，一张桌子，上面有个十字架和一本书，一把椅子，壁炉上挂着一幅画像。她表情严肃地对我解释说：圣维罗妮卡正展示着手帕，那手帕上印有耶稣面孔流血的生动景象。这位女主人脸色苍白，但是从来不生病。这让我又有了一个例证：收入微薄同样可以维持生命和健康。

在瓦茨印刷所，我结识了一个叫威盖特的年轻人，他很聪明，有一些很有钱的亲戚，因此，与大部分印刷工人相比，他受过良好的教育。他的拉丁文不错，还会讲法语，喜欢读书。

我教他和他的朋友游泳，只教了两次，他们很快就能下河游了，而且游得很出色。他们把我介绍给一些乡下的绅士——这些先生乘船到切克西去参观学校和唐·索尔特罗教堂的珍稀古玩。在我们返回途中，威盖特关于我游泳本领的话激起了他们的好奇心——在他们的要求下，我脱下衣服跳进水里，从切克西附近一直游到布莱克弗尼亚。我在途中表演了各种花样，时而浮在水面，时而沉入水里，这令他们感到新鲜和惊奇，因为他们从来没有见过这些花样。

我从小就喜欢游泳，学习并实践过赛沃诺的所有游泳姿势和动作，再加上我自己的游泳方式，使得我姿态自如，动作优美且易于掌握。通过这次机会，我把自己的全部本领向大家做了展示，受到了赞扬并感到很得意。威盖特想成为游泳能手，又因为我们的学习内容相似，和我的接触也就渐渐地频繁起来。他后来甚至提议我们俩一起漫游欧洲，认为在任何地方干印刷工都可以维持生活。我曾经也有这个意向，但是当我将这个想法告知好友德纳姆先生时——我在空闲时候常常和他在一起——他劝我放弃这个想法，希望我能回到宾夕法尼亚州，还说他正打算回费城开业呢。

关于好朋友德纳姆先生，我想要说一点他的逸事。以前他在英国西部城市布里斯托尔做生意，但因买卖亏本而欠了一些人的债，赔了一部分，剩下的和他们谈妥后，他就回到了美洲。到了那里，他一心经商，几年以后就积攒了一笔财富。他和我同船返回英国，一回来就宴请那些往日的债主，感谢他们以前对他的宽容。那些债主以为只是吃饭而已，并不指望能拿到钱，可是他们一动盘子就发现下面有一张银行支票，上面的数字不仅含有需要还清的余款，利息也在里面。

这时候，他告诉我说，他正打算返回费城，而且应该会带很多的物品去那里开商店。他向我建议：我可以在他店铺里当个店员；他一面教我记账，同时也让我为他管理账簿；帮他抄写信笺，为他照料铺子。他还说，等我对商业熟悉之后，他就会对我委以重任，让我运送一船面粉和面包去西印度群岛，在那里我还可以从其他业务中获得佣金，可以赚到丰厚的利润。如果经营得当，我还会获得大量的财富。因为我已经渐渐厌倦了伦敦，回忆起在宾夕法尼亚州几个月的愉快时光，就想故地重游，他这番话令我很高兴。因此我立即表示同意，一年的俸禄为宾夕法尼亚币 50 英镑——与我现在当排字工的收入相比，的确是少了点，但是前景看好。

我当时还以为，我以后再也不会从事印刷行业呢！每天我都忙于适应新的业务，与德纳姆先生一起应付形形色色的商人，购买许多不同种类的物品，监督工人包装，联系业务，催促发货等等。一切都装运完之后，我还剩下几天的时间可以自由支配。就在这几日当中的某一天，我忽然受到一个大人物的邀请，他就是威廉•温德姆爵士——之前我就对他有所耳闻，随后就去拜访他。原来他不知道是通过什么方式得知我从切克西游泳游到布莱克弗里亚，而且只用了数小时就让威盖特和另外一个年轻人学会了游泳。他的两个儿子正准备外出旅游，他希望他们学会了游泳再出门。如果我同意教他们，他愿意以重金回报。可是他两个儿子当时并不在城里，而我也不能确定在这儿待多久，所以这个差事我不能接受。不过这件事使我萌生了一个念头：如果我继续待在英格兰，办一个游泳培训班，也许能赚很多钱。这个想法使我深受启发，如果那个爵士早一点提出要求，也许我就不会这么快就决定回美洲。多年以后，我和你为了一些重要的事和威廉•温德姆爵士的一个儿子有过接触，那时他已经是埃格雷蒙伯爵——我后面还要提到他。

这前前后后我在伦敦待了大约一年半，大部分时间我都在努力工作，除了看戏和看书，基本上没有别的花费。朋友劳尔夫害得我好惨，他欠我大约有 27 英镑，这些钱我不可能收回了。和我的微薄收入相比，那可不是个小数目啊！尽管如此，我还是喜欢他，因为在他身上有许多可爱的品行。我虽然没有攒下什么钱，但是认识了一些朋友，他们非常聪明，和他们交谈令我获益良多。同时，我还读了很多书。

第二部分

我们的船于1726年7月23日从格雷夫森德起航。关于这次航行的情况，你不妨看看我的日记，上面记载得很详细。也许其中最重要的部分就是我在航行途中所制定的行动规划，因为它在我的一生中都发挥着指导作用。尤其值得注意的是，我在年轻时制定的方案，到现在还在忠实地执行着。

我们的船于10月11日在费城登陆，那里变化很大。戈登少校接替基斯成了现任总督。我看到基斯像普通公民那样在大街上行走，他看见我时似乎有点羞愧，连话都不说就走了。不过要是我见到里德小姐也同样会感到羞愧的。她的亲友们接到我的信笺之后，让她对我的回去不要抱有任何希望，劝她另外找个人嫁了。我在英国期间，她和一个叫罗杰斯的陶工结了婚。可是他们在一起并不幸福，两个人很快就分手了。她不肯和他同居，也不肯从他的姓氏，听人说那人现在已经另有妻室了。尽管那人手艺高超——里德小姐的亲友曾经就是看中了这一点，但他其实是个卑鄙小人，后来负债累累，于1727或1728年离开了费城，跑到西印度群岛，后来在那里去世。

凯默扩大了印刷部的规模，还开办了一家文具店，里面有许多新式文具。他新雇用了一些人，虽然技术都不是太好，但似乎生意还算不错。

德纳姆先生的店铺开在水街，我就把货物摆在那里，开了业。我在店里很努力地工作，学着记账，并且在很短的时间里就熟练地掌握了买卖的业务。我们吃住都在一起，他像父亲一样给予我很真诚的关心和体贴，我对他也敬爱有加。我们本来可以高高兴兴地继续相处，但是在1726或1727年的2月初，我们两人都病倒了。我得的是胸膜炎，险些丧命。当时痛苦难熬，以为自己活不下去了，情绪非常低落。等到病情渐渐好转时，我又感到很失望，从某种意义上说，还有点懊丧，因为我迟早还得经受一次死亡的痛苦。我忘记德纳姆先生得的是什么病了，只记得他病的时间很长，最终还是去世了。他在口头遗嘱中给我留下一小笔遗产以表示对我的友情。他就这么走了，再一次把我留在了这个大千世界。他的店铺由他指定的遗嘱执行者接管，因此，我和他的雇用合同也就宣告结束了。

我的姐夫霍姆斯这时也在费城，他建议我重操旧业；与此同时，凯默也以高额的年薪要雇用我替他管理印刷所，好让他更加专心地经营他的文具店。我当年在伦敦时就从他的妻子和她的朋友那里听说他的人品很差劲，所以就不想再和他有任何来往。我试图在一家商店里谋求一个雇员的职位，但一时没有这样的机会，只好又跟凯默打上了交道。在他的印刷所里，我认识了这些伙计：休•梅雷迪斯，威尔士籍，宾夕法尼亚人，30岁，从小务农，为人诚实，明白事理，有相当敏锐的观察力，是个喜欢读书的人，但也喜欢喝酒；斯蒂芬•波茨，是个成年的年轻庄稼汉，从小务农，天资聪颖，为人非常机智幽默，但是有点懒散。凯默雇用这两个人，起先每周付给他们的工资极低，但用逐步增加工资的办法吸引他们：如果他们的业务有长进，每3个月增加1个先令。他们要想增加工资就得好好干活。梅雷迪斯搞印刷，波茨干装订工作。尽管凯默自己哪一行也不懂，但是按照合同的规定，他要指导他们的业务。约翰，一个粗野的爱尔兰人，什么技术也不懂，凯默从一个船长那里把他买下来，雇用期为4年，打算让他当排字工人——有关他的情况下面接着就要谈到。还有一个名叫大卫•哈里的乡下孩子，凯默雇用他当学徒。

我很快就意识到，当初凯默高薪雇用我的真正目的就是让我来训练那些廉价的新手，这些人和他都签订了契约，一旦他们学会了技术，他就可以不再用我了。尽管如此，我还是若无其事地继续工作，把印刷所原本一团糟的各项事务整理得井井有条，让他的雇员可以安心工作，并且越干越出色。

说来也奇怪，一个牛津学生竟然愿意卖身当雇工，其年龄尚不满 18 岁。他告诉了我他的身世：他生于英国西部城市格洛斯特，在那里就读于语法学校，因为在舞台表演上有明显优势，在同学当中很有名气。他是那里“幽默俱乐部”的成员，写过一些诗歌和散文，曾在格洛斯特报纸上刊登过。后来到牛津求学，在那里待了约一年，觉得不满足，还想去伦敦当个演员。最终他得到了每周 15 几尼的助学金，但他拿到这些钱时并没有还债，而是离开牛津，徒步去了伦敦。临行前，他把校服藏在了金雀花丛中。他在伦敦没有朋友相助，便和一些不三不四的人搅在一起，很快就把钱花光了，想进入演员的圈子又找不着门路，弄得穷困潦倒，典当了衣服，连面包也吃不上。他饿着肚子在大街上溜达。正走投无路的时候，突然接到了一张兵贩子传单，上面写着：对那些愿意去美洲服兵役的表示欢迎，还会马上给予款待。

他立即去签约，接着被送上了船，他没有给亲戚朋友一点消息，就这样沦落成这个样子。其实，他生性活泼，风趣随和，和他在一起令人感到愉快。但是有些懒散，做事情往往考虑不周，行事草率。

这个叫约翰的爱尔兰人没过多久就跑了，我和其余的人在一起相处得很愉快，因为当他们发现凯默并没有能力教他们而从我这里学到了技术并日渐长进时，就对我更加尊敬。星期六是凯默的安息日，我们从来不工作，因此我一个星期有连续两天的时间读书。另外，我在城里也认识了越来越多的有识之士。凯默对我毕恭毕敬，关怀备至。除了欠佛农的那笔债无力偿还令我深感不安外，没有什么可牵挂的了。直到现在我对于理财仍然一窍不通。幸好佛农人很宽容，没有催我还钱。

我们印刷所里的铅字经常不够用，而美洲这里又没有铸造铅字的地方。我在伦敦时曾在詹姆斯印刷所看到过铸造铅字的情景，但当时没太留意是怎么铸造的。尽管如此，我仍然研制了一个铸模，以现有的铅字为冲模，铸造了铅字。虽然不够理想，但还算解决了铅字不足的问题。有时我还雕刻点东西，制造过油墨，还当上了仓库管理员，总而言之，什么都干，完全就是一个打杂工。

但是无论我怎么努力工作，我发现随着别的工人的技术日益提高，我的作用一天天地在下降。凯默给我发第二季度工资的时候，告诉我：他认为我应该降低工资，因为他觉得负担太重。他也渐渐对我采取无礼的态度，拿出老板的派头，对我吹毛求疵，似乎随时要和我翻脸。但是我耐心地克制自己，认为他之所以态度如此，部分原因是他处于负债累累的境地。最终，我们因为一件小事而关系破裂。有一天，印刷所旁边的法院附近传来熙熙攘攘的吵闹声，我伸出头朝窗外看，想知道到底发生了什么事。凯默这时候正在大街上行走，抬起头正好看到了我，就对我大喊大叫，要我少管闲事，说话时在气愤中夹杂着责骂。他这样当众辱骂我，使我难堪，令我非常恼怒。他对我的恶劣行为，在场的邻居都看到了。接着，他很迅速地跑到楼上的印刷所，继续和我争吵，我们的言辞都很激烈。他给了我通知单，并且按照合同的规定，3 个月以后解雇我，还对合同规定这么长的预期感到很恼火。我告诉他没有必要生气，因为我马上就走，说着拿起帽子就往门外走，走到楼下时看到了梅雷迪斯，就拜托他收拾一下我落下的东西，然后送到我的住所。

傍晚的时候，梅雷迪斯按约定来到我的住所，和我谈起下一步该怎么走。他对我十分关心，并且非常不愿意我在他尚在印刷所工作的时候离开。一开始我想返回故乡，但是他劝我不要这么做。他提醒我说：凯默已经负债累累，其所有的资产只够抵押，那些债主已经开始感到不安了；文具店的买卖也不景气，为了得到现金，常常没有利润也出售，而且不记账就赊卖给顾客；他的店铺一定会倒闭，我们到时可以乘机取而代之。我以没有资本为由拒绝了。接着他告诉我：他和他父亲谈过几次话，他父亲对我评价很高，只要我愿意与他合伙，一定会出资帮我开业。他说："我和凯默的合同，明年春天就期满，到时候我们就可以从伦敦购买印刷机和铅字。我很清楚自己不懂技术，如果你愿意提供技术，我来投资，我们获利平分。"

我对他的这个建议很感兴趣，于是就同意了。

他父亲此时正好在城里，对这个计划也表示赞同。他知道我对他的儿子有很大影响，因为他儿子听从我的劝告戒了酒，已经有很长时间不饮酒了。他希望我们两个人可以通过这样的合作结成朋友，这样他的儿子就可以彻底改掉这一恶习。于是，我开了一张清单给他，由他再交给商人操办订货的事务。在货物没有运到之前，我们商谈的计划之事暂时要保密。而且如果有可能的话，我最好能在别的印刷所找工作。但因为没有找到，就暂时闲了几天。这时候凯默有希望接到为新泽西州印制钱币这样一笔生意。如此一来，他就必须具备雕版和各式各样的铅字——这些东西只有我能办到。他担心布雷福德会抢先雇用我，从而抢走他的业务，因此就写了一封信给我。信的措辞非常谦恭，说老朋友了，不能为气头上说的几句话就断绝关系，希望我能回去。梅雷迪斯也劝我答应他的请求，这样他就有更多的机会得到我的日常指导，以便提高自己的技术。因此，我又回到了凯默的印刷所。回去以后，我们相处得比以往和睦多了。凯默接到了新泽西州的业务，为此我设计了一台铜版印刷机——在这个国家是第一台，还设计了一些花纹和方格图案供印制钞票之用。后来我和他还一起去了柏灵顿，那里的全部工作都进行得很顺利，他因此赚了一大笔钱足以令他渡过难关，接着又维持了一段时间，不至于马上破产。

我在柏灵顿结识了新泽西州的许多重要人物。其中几位是议会任命的官员，负责监督印刷工作，密切注意印制钞票的数量，使之不超过法律规定的数目。他们经常轮流和我们在一起。通常情况下，来监察的人都会带一两个朋友做伴。我读的书比凯默多，文化修养也比他高。我以为，正是这个原因令他们更喜欢和我在一起交谈。他们还让我去他们家里，很殷勤地招待我，把我介绍给他们的朋友。凯默虽然是老板，但却受到了冷落。说实在的，凯默这个人性格古怪，对公共场合的生活有点无知；在着装上很不注意，喜欢粗暴地反对公众的意见；在有些宗教问题上态度偏激，甚至还有点无赖的习气。

我在那里大约工作了3个月。这期间我认识了不少人，结识的朋友有：

审判官：艾伦；

该州的秘书长：塞缪尔•巴斯蒂尔；

州议会议员：以萨克•皮尔逊、约瑟夫•库柏，还有几个姓史密斯的人；

测绘局长：以萨克•科德，他是个精明的老人，阅历丰富。他告诉我他年轻时是个小工，给砖瓦匠干下手活；长大以后才学习写作；后来为测量员背链带，跟着他们学测量，凭着勤劳攒下了一份殷实的家产。他还说："我早就看出来了，用不了多久，你一定会把凯默挤出这一行，还会在费城发财致富。"他那时并不知道我要在费城或者其他地方创办实业的意图。

上述这些朋友后来对我帮助很大。他们在世时对我一直都很关心。

在讲述我的正式开业情况之前，还是先说说我的思想状况，也就是关于道德和原则的观点。你从中可以看出，这些观点对我今后的人生有着多么深远的影响。小的时候，父母就给了我一些宗教的熏陶，让我在童年时期就虔诚地接受了非国教思想。但是，由于我在读过的各种不同书籍中发现一些有争议的论点，因此在我不到 15 岁的时候，就有了怀疑，甚至怀疑到《圣经》中的《启示录》。我还读过一些反自然神论的书籍，据说这些书籍是博伊尔牧师讲道取材的核心内容。这些书籍对我的影响与作者的原意完全背道而驰，因为在我看来，他们引证来反驳自然神教派的论点，远远没有自然神教派的论点有说服力。总之，我很快就成了一个自然神论者。我的论点伤害到了一些人，尤其是科林斯和劳尔夫。但是他们两个人都极大地伤害了我，并且毫无悔意。想起基斯（他也是个自由思想者）对我的影响，以及我自己对待佛农和里德小姐的所为，有时我会感到非常苦恼。我开始怀疑此教义，也许它是真的，但似乎并没有多大的用处。1725 年我在伦敦写的小册子，里面是以从德莱顿诗歌里选出的几行作为题词的：

存在的都是正确的，
而半盲人看到的
只是链条的一边
最近的一环，
那权衡一切的秤杆
他的双目视而不见。

在那本小册子里，我从上帝的属性、无限的智慧、善良和权力得出以下结论：人世间的一切都是正确的，所谓善与恶的区别是根本不存在的。现在看来，我以前的认识并不见得明智，它有可能已经嵌入我的言谈之中，甚至像形而上学推理中常见的错误一样影响到我后来的观点。

慢慢地我开始相信，真实、诚恳和正直是人与人之间最重要的东西，所谓人生最大的幸福应该指的就是这些吧。我决心用这一生来身体力行，而且这一决心已经记在我的日记里，到现在依然保留着，连《启示录》也没有我这个决心重要。不过，我仍然认为：我们禁忌的行为，未必就是邪恶；让我们遵守的，未必就是善良。如果我们从整体来看，就其自身的性质来思考问题，让我们禁忌的行为或许对我们有害，让我们遵守的，或许对我们有利。这种信念借助上帝的仁慈之手，或者某个守护神的祝福，或者偶然的契机，或者是三者相结合，保护了我，使我得以安然地度过危险的青年期，在远离父母和身处异国他乡的危险境地，避免了可能因缺乏宗教信仰而任意犯下的任何大错。至于说到“任意”，那是因为我年轻而又没有社会经验，再加上某些不轨之人的欺骗，因此很难避免不发生上述提到的事情。我刚刚进入社会，人品还算不错，对此我很珍惜，也希望以后能够永远保持。

新铅字从伦敦购买并被运到后不久，我们就回费城了。我们和凯默办清了手续，并获得其同意才离开了店铺。我们找到房子——在市场附近，并租了下来。当时的租金是每年 24 英镑

（现在要 70 英镑）。为了节省租金，我们就和玻璃匠一家住在一起。他们负担了相当一部分的房租，而我们则寄食在他们家。我们刚刚打开铅字，还未来得及整理印刷所，就看到我的朋友乔治·豪斯带着一个乡下客户来找我们。那人是豪斯在街上碰见的，当时正在街上寻找印刷所。我们为了置办各种各样的印刷用品，手头的钱已经快用光了。这个乡下人的 5 个先令，成了我们的第一笔收入。这笔钱来得正是时候，给我们带来的快乐远远超过了以后任何时候挣得的 5 个先令。对豪斯的感激之情让我后来很愿意向那些年轻的创业者提供帮助。

悲观论者到处都有，他们总是向人们散布一切都要走向毁灭的论调。费城就有这样的人，是一个在当地颇有名望的长者，名叫塞缪尔·米克尔。他拥有智者般的面庞，说起话来表情十分严肃。这位先生之前我并不认识。有一天，他突然出现在我的门口，问我是否就是那个最近要新开印刷所的人。我回答说是。他说他为我感到惋惜，因为开办印刷所耗资太大，将来连本钱都会落空；再说了，费城已经处在风雨飘摇之中，市民已经或者接近于半破产状态，实际问题都与所有的表面现象完全相反，比如说，新盖的楼房，高涨的房租——据他所知，这些都是假象，事实上正是这样的东西会很快毁灭我们。他还向我详细叙述了许多正在发生或者即将发生的灾难。在他走后，我的心情变得沉重起来。如果我在开业之前就和他认识，也许我就不会办这个印刷所了。这个人仍然住在这个破落的地方，继续谈着那些毁灭的论调，在费城住了多年都不肯买房子，因为他觉得万物都在走向毁灭。后来令我感到高兴的是，他终于买了房子，而这时的价格是他高谈毁灭论调时的5倍。

接下来我要告诉你一件事儿——其实我之前就应该告诉你，就是在前一年秋天，我和几个很有才智的读书人一起组织了一个俱乐部，旨在切磋知识，相互促进。俱乐部被我们命名为“俊托”，活动的时间为每周五的晚上。我起草了会章，要求每个会员轮流提出一个或几个关于道德、政治或者自然科学的问题供大家讨论；另外，每3个月提交一篇论文，并为大家宣读，论文的题目自行决定。辩论会由会长主持，大家本着探求真理的务实精神，而不是以好胜争辩的态度来进行。为了防止在辩论中出现情绪激动，不管赞成还是反对，争辩的时间都受到限制，对于那些不遵守规定的人要进行罚款。

第一批会员包括：

约瑟夫•布赖斯特纳尔，公证事物的誊写员，中年人，为人和蔼可亲。他喜欢诗歌，见到诗非朗读不可；自己也写一些还能说得过去的诗歌；还擅长制作一些小玩意儿，说话通情达理。

托马斯•戈弗莱，是个自学成才的数学家，造诣极高。他曾经发明过一种仪器，现在人们称为“哈德里象限仪”。不过，除了数学以外，他对其他的领域都了解得不多，而且和他交往并不令人感到愉快，因为像我遇到过的大多数数学家一样，他要求人们所说的每个问题都要绝对精确，甚至对于一些琐碎的事情，他都要采取或是无休止地否定、或是无休止地区分的方式，经常会影响大家的讨论。没过多久，他就离开了俱乐部。

尼古拉斯•斯卡尔，测量员，后来当了测量局长。他喜欢读书，有时也写诗歌。

威廉•派尔逊，是个鞋匠，但却很爱读书，具有渊博的数学知识。他是从占星学的角度来研究数学，后来还把此作为笑谈。他后来也成为测量局长。

威廉•毛格里治，是个工匠，手艺非凡。他为人通情达理，做事勤奋努力。

还有几个人我在前面曾经提到过，他们是：休•梅雷迪斯、斯蒂芬•波茨和乔治•韦布。

罗伯特•格雷斯，一个相当富有的年轻绅士。为人慷慨，活泼聪明，说话幽默，喜欢结交朋友。

威廉•科尔曼，当时是个商店职员，和我同龄。他是我所熟悉的人当中头脑最冷静的一位，为人正直善良。后来他成了著名的商人，还是我们这个州的法官。我们之间的友谊一直维持到他去世，持续了将近40年。我们的俱乐部几乎也持续了这么久，是我们这个州中有关哲学、道德和政治研究的最好的学术团体。我们要讨论的问题一般一个星期前就宣读过，大家阅读时可以从多方面进行思考，这样在发言时就能做到有的放矢，还能使我们养成良好的讨论习惯。章程规定，我们讨论问题的目的都是为了学习，所以能够有效地避免彼此之间的反感和冲突。俱乐部也因此能够长期坚持下去。这个团体我在后面还会经常提到。

我之所以向你讲述俱乐部的这些情况，目的是想让你知道我从中获得了哪些好处。俱乐部的每一个成员都竭力为我们招揽生意。其中布赖斯特纳尔从教友会为我们介绍了一笔生意，要印刷该会的会史，篇幅有 40 个印张，其余部分由凯默印刷。这笔生意的要价很低，工作起来十分艰苦。这本书为对开本，用 4 号字，标题要用大号长体字。我每天要排一大张，由梅雷迪斯负责印刷。印刷完之后又要拆版，为第二天的工作做准备，常常到晚上 11 点才下班，有时候还会更晚，因为中间不时地有其他朋友介绍来的一些零星活儿插入，但是我仍然坚持一天要完成对开一大张的排字任务。一天晚上，我装完版后，心想一天的工作终于结束了，没想到一不小心弄乱了一个版面，有两页的铅字被打乱了。我毫不犹豫地立即拆散，重新排版，干完了才去睡觉。我们的勤劳被邻居们看到，使得我们渐渐受到称赞，也提高了信誉。特别是还有人告诉我，在商人的“夜夜俱乐部”里，有人提到新开业的印刷所，他们一致认为一定不会成功，因为城里面已经有凯默和布雷福德两家了。但是贝尔德博士（多年以后，我和你曾经在他的故乡苏格兰的圣安德鲁斯教堂见过他）却有不同的看法。

“像富兰克林那样勤奋的人，”他说，“我在他的同行中还不曾见到过。我晚上从俱乐部回家，他还在工作；第二天街坊邻居都还在睡觉的时候，他已经在工作了。”他的这番话令一些人备受感动，很快就有一位商人找我们为他代销文具，不过我们那时还没有开文具铺的打算。

我这样特别地提到我们的勤劳，谈起来毫不顾忌，似乎在有意吹嘘自己，不过我完全是为了我的子孙后代着想，希望他们在看到我这本小册子后，可以明白勤劳在我的事业中起着非常重要的作用，那时他们或许就会懂得勤劳这种品德的好处了。

乔治•韦布向新交往的一个女朋友借钱赎身，终止了与凯默的合同。韦布来到我们所里，表示自己想当一名工人。我们那时还不能雇用他，可是我却愚蠢地告诉他一个秘密：我不久就要办一份报纸，到时可能会提供一份工作给他。正如我所告诉他的，我成功的希望在于：现在唯一的一份报纸由布雷福德所刊印，管理十分糟糕，内容枯燥无味，也没什么价值可言，然而对他而言还能有利可图。因此我认为，办一份优秀的报纸，没理由不会成功。我要求韦布为我保密，但是他告诉了凯默，因而凯默抢先行动，宣布了自己办报纸的计划，并且要雇用韦布。

我当时对这件事非常恼火。由于我还没有创办报纸，就写了几篇消遣的文章刊登在布雷福德的报纸上来与他们作对，总的标题叫作《爱管闲事的人》。后来布赖斯特纳尔接着这个题目继续写了好几个月。这样一来，公众的注意力都集中在该报纸上，而凯默计划要办的报纸，因受到我们的嘲弄而被人们冷落。尽管如此，他还是把报纸办了起来，不过只发行了9个月，订户最多不会超过90个。他迫于无奈以很低的价格转让给了我，而我早有思想准备，就马上接了过来。几年以后，这份报纸带给我极大的财富。

我注意到我讲话时习惯用第一人称“我”，尽管我的同伙仍在与我合作。原因可能是：因为全盘的业务管理工作实际上落到了我身上。梅雷迪斯对排字一窍不通，印刷也很差劲，而且常常喝醉酒。我的朋友因我与他合伙而替我感到惋惜，但我还是在努力做事。

我发行的第一份报纸与宾夕法尼亚州以往的报纸相比，显得与众不同：字迹清秀整洁，印刷精良优美。此外，我还就当时伯内特总督和马萨诸塞州议会之间正在发生的争执写了一些针对要害的评论，这引起了主要人物的关注，我们的报纸及其主办人日渐成为他们的主要话题。几周后，他们都成了我们的订户。

他们一带头，许多人也就跟着订阅，报纸的发行量持续上升。我能写一些小文章，也算是取得了一点成效；另外一个成效就是：那些重要人物看到，一份报纸掌握在会动笔杆子的人手中，就认为有必要对我施点恩惠进行鼓励。布雷福德仍然承接印刷选票、法律和其他公共事务方面的业务。他把议会给总督的意见书印得粗糙不堪，错误百出。我们重新印刷了一遍，不仅正确无误而且美观漂亮，给每个议员送上一份。两者之间的差别他们一看便知，报纸也在这些议员朋友的心中获得更高的威望。最后，他们经过投票决定由我们来承担下一年的印刷业务。

在议会的这些朋友当中，有一位我从来都不曾忘记，他就是我先前提到的汉密尔顿先生。他那时已经从英国回来，并且成了议员，在这件事情上竭尽全力地帮助我，后来还在许多其他的事情上给我以支持，终生都很关心我。

佛农先生大约就在这时向我提到了那笔债款，但并没有催着我还。我写了一封信给他，告诉他事实真相，请求他宽限几日，等我筹到足够的钱，一定连本带利还给他，并对他表示深深的谢意。他同意了。这样一来，我所犯的错误算是在一定程度上得到了纠正。

可是我万万没有想到，就在这个时候又有一个难题出现在我的前面。按照我原来的预算，梅雷迪斯先生的父亲应该支付印刷所设备的费用。可是他只能预付 100 英镑，这样我们还欠设备商人 100 英镑。这个商人很不耐烦，直接把我们都告上了法庭。我们交了保释金，但也了解到：若是不能按期偿还的话，法院就会判决并强制执行。这样一来，我们的美好前景连同我们自己都将面临毁灭。到那个时候，我们就只有卖掉印刷机和铅字来付款，而且极有可能是以半价出售。

在我身处困境时，有两个真正的朋友分别出现在我的面前。他们真挚的友情令我永生难忘。他们彼此并不认识，我也没有请求他们帮助，但他们都愿意帮我们还清所有的债务，只要我们认为合适，就让我们单独经营。不过，他们不希望我继续与梅雷迪斯合作，正如他们所说，梅雷迪斯经常在大街上喝得醉醺醺的，并且在酒馆里搞低俗的娱乐，损害了我们的信誉。这两个朋友是威廉•科尔曼和罗伯特•格雷斯。我告诉他们：如果梅雷迪斯父子能够履行协议的职责，我就不能要求散伙，因为他们已经帮助了我。要是他们继续帮助我，我就应该继续合作下去，这是我必须履行的义务。但是，他们如果不能履行义务的话，我们肯定不会合作下去。我想自己到那时就可以自由地接受朋友的帮助了。

就这样，事情拖了一段时间。此间，我对梅雷迪斯说："也许你父亲对我们俩的合作不满意，不愿意为我们预支，如果是你一人经营，他可能会为你出钱。如果确实是这样的话，请你告诉我，我会退出让你单独经营，我自己再另外创业。"

"不，不是这样的，"他说，"我父亲的确很失望，也确实因为没有实力。我也不愿意再让他为我伤心难过。我觉得自己并不适合干这一行。我从小就干农活，30岁了还跑到城里来当学徒，学习新手艺，我这一步真的是走错了。北卡罗来纳州的土地很便宜，因此我们威尔士人中有许多打算去那里安家立业，我也想跟着他们一起去重操旧业。你可以找朋友帮助你。如果你肯承担所有的债务，归还我父亲已经预支的100英镑，帮我还清一点私人的债务，再给我30英镑和一副新马鞍，我就撤出经营，这整个印刷所都归你所有。”我同意他的这个建议，并且起草了协议书，双方立即签名盖章。我满足了他的所有要求，不久他就去了北卡罗来纳州。第二年，他寄了两封长信给我，详细地叙述了那儿的气候、土壤、农业耕作等，因为他在这方面很有研究。我将这两封信刊登在报纸上，读者对此都很满意。

他走后，我便向那两位朋友求助。对两个朋友中的任何一个，我都不想表现出有什么偏爱，于是就把所需要的钱向两人各借一半。还清印刷所里的债务后，我开始独立经营，并且告示读者：合伙人已经退出。这大约是 1729 年发生的事。

大概也就在这时，民众要求发行更多的纸币。当时宾夕法尼亚州现成的纸币只有 1.5 万英镑，并且在逐渐减少。有钱的人都反对增加纸币的发行，因为他们担心，发行多了会像在新英格兰所发生的那样导致纸币贬值，令债权人蒙受损失。

我们曾经就这个问题在“俊托”俱乐部讨论过。当时我赞成增加纸币的发行，因为我相信：1723 年首次发行的纸币，数量还比较少，结果促进了商业繁荣，就业的人数增多，州里的居民也有所增加。此外，我还看到了这样一些情况：所有老房子都住了人，许多新房子正在建造；我当初在费城街头漫步的情景仿佛就在眼前，那时候我在啃着面包卷，看见在胡桃街、第二街和前街之间的那些房子大多贴着“招租”的招牌，栗子街和其他街上也大致如此。当时我是这样想的：城里的居民正在不断地离开这里。

这个问题的辩论令我产生很大的兴趣，我撰写并印行了一本匿名的小册子，书名是《纸币的性质及其必要性》。民众对此非常欢迎，可是有钱人的态度就不一样了，因为该书使得增加发行纸币的呼声日趋强烈。碰巧的是，富人那边没人能写出反驳的文章，因而他们的反抗减弱了。这样，增加发行纸币的议案在议会中以多数票获得通过。议会中的那些朋友认为我做出了一点贡献，就把印行纸币的业务作为奖赏交给了我。这项业务有着很丰厚的利润，对我的帮助非常之大。这件事情无疑又说明了能写文章的益处。

时间和实践都证明了纸币的作用，而且已经很明显，之后就再没有引起人们的争论。没多久，纸币的发行量就增加到了55000 英镑，1739 年到了 80000 英镑。后来在战争期间超过了350000 英镑。与此同时，贸易、建筑以及居住人口都在不断增加。不过，我还是觉得纸币的发行要受到限制，因为发行超过了限度也会造成危害。

朋友汉密尔顿的帮助使我不久就获得了承印纽卡斯尔纸币的生意，我当时觉得这又是一笔利润丰厚的生意。小本经营，很小的事情也会显得很重要，我因这笔生意而备受鼓舞，也确实获得不少的好处。接下来，他还为我介绍该市印刷政府法律和选票的业务，这些业务在我从事印刷业时一直都是我承接的。

我的小文具店这时也开业了。店内有着各式各样的发票，市面上没有比它们印刷得更准确的了，这多亏了朋友布赖斯特纳尔的帮忙。店里还出售纸张、羊皮纸以及小商贩用的账簿等等。早在伦敦时，我就认识一个名叫怀特马什的排字工人，他手艺高超、工作卖力而且能够持之以恒，现在也到了我这里。我还收了一个徒弟，他就是阿基拉·罗斯的儿子。

我创业时欠下的债务，开始逐渐还清。我十分注重保持勤劳和节俭以确保我作为商人的信誉和声望，不让人觉得有任何与之相反的形象。我穿着朴素，从不去那些无益的娱乐场所，从不出门钓鱼或者打猎。有时的确会因为看书而影响工作，但那只是偶然发生的私下的事情，不至于引起别人说长道短。有时我把买来的纸张放在小推车上，就从大街上推回家，以表示我对自己所从事的生意是脚踏实地的，这样别人也敬重我，认为我是个既勤俭又刻苦的青年。我进货时从不赊账，因此那些进口文具商都乐意让我成为他们的客户。有的商人还要我帮着代销书籍，我也干得十分顺利。这期间，凯默的生意和信誉越来越糟，为了还债最终被迫拍卖了印刷所。后来，他去巴巴多斯住了几年，生活穷困潦倒。

凯默的徒弟戴维·哈里，买了凯默的一些器材，也在费城开了一家印刷所。我过去在凯默的铺子里工作时曾经教导过他。开始我对他有点担心，以为他是个强大的竞争对手，因为他的一些朋友既能干又有势力。我当时还提议他跟我合伙，他不屑一顾地拒绝了——幸亏是这样。他为人很自负，穿着很像绅士，生活铺张浪费，喜欢在外面玩乐，结果负债累累，生意不管不顾，客户纷纷离他而去。无所事事的他只好带着印刷所，跟着凯默去了巴巴多斯。到那里以后，这个学徒雇用了往日的老板，两人经常发生争吵。渐渐地，哈里债台高筑，最后只好卖掉印刷机，回宾夕法尼亚州务农去了。哈里的印刷机买主继续雇用凯默，不过几年后凯默就死了。

除了布雷福德以外，现在费城已经没有人和我竞争了。他现在生活富裕，悠闲自在，对生意上的事并不担心，平时不过雇用临时工干一点印刷活儿而已。不过，他管理着邮局，在人们看来他比别人更有机会得到新闻。在刊登广告上，人们认为他的报纸比我的更加有效，因而他获得了较多的客户。这对他有利，对我不利。虽然我也通过邮局发行报纸，但是公众的想法并不是这样，因为我是通过贿赂邮差来让其偷偷发送的。即便是这样，布雷福德还采取恶劣的手段加以阻止，我对此十分气愤，觉得他很卑鄙。如果我处在他那个位置，我是绝不会像他那么做的。

到目前为止，我仍然住在戈弗莱那里。他们夫妻俩带着个孩子，在房子靠近印刷所的一面开了家玻璃店。戈弗莱很少工作，一心钻研数学。戈弗莱太太打算为我做媒，把她亲戚的女儿介绍给我，还多次找机会让我们见面。时间长了，我真的动了感情，便向那女孩子求爱，她也值得我去爱。老人们都竭力促成这件事，经常邀请我去他们家吃饭，还让我们俩单独相处。到该表态的时候了。戈弗莱太太负责为我们传话，我对她说我还没有付清印刷所的欠款，希望女方能带来一笔陪嫁的钱让我还债，应该不会超过100英镑。她传话给我说他们没有这么多的钱。我说他们可以抵押房子贷款。过了一段时间，他们回话说不同意这门亲事了。他们从布雷福德那里打听到：印刷所的买卖根本赚不了钱，铅字容易磨损，需要经常更新；凯默和哈里接连失败，很快我也会重蹈他们的覆辙。因此，他们把女儿关在家里，不许我去见她。我不知道这究竟是感情的变故还是他们的策略。不过，我怀疑他们以为我和那位女孩的感情已经陷得很深，到了难以自拔的地步，或许会偷偷结婚；那样一来，嫁妆的问题就可以任由他们处置了。因此，我怀疑这可能是他们的策略，非常生气，不再去他们家了。

过了一些时日，戈弗莱太太又传话过来，说他们的态度转变了，希望我能重续前缘。但是我态度坚决，也不愿意和他们来往了。听了我的话后，戈弗莱夫妻俩都很生气，弄得彼此之间也伤了和气。后来他们搬走了。

经过这件事后我的思想有所转变，开始考虑自己的婚姻问题。我开始注意自己周围有没有合适的人选，也请别处的朋友帮忙。但我很快就发现：人们大都认为搞印刷生意的人很穷。于是，我不再指望能够娶到会带丰厚嫁妆的妻子，除非是有嫁妆而她人我不满意的。此间，一个年轻人难以压抑的激情令我常常无法控制地与碰到的下贱女人私通。除了破费和极不方便外，还让我非常担心自己会染上什么疾病。我很庆幸自己终究没有。

我和里德太太一家是老邻居，并且一直保持着友好往来。从我第一次在他们家寄宿开始，他们就一直对我很关心，经常请我去他们家吃饭，遇事也乐意同我商量；我有时也请他们。我非常同情里德小姐的不幸遭遇。她总是情绪低落，闷闷不乐，不愿意跟人接触。虽然她母亲出于好心把错误归咎于自己，但在我看来，造成她不幸的主要原因是我当年在伦敦的轻率行为和缺乏定见。她说，她在我去伦敦前阻止我们结婚；我不在的时候，她又劝女儿嫁了别人。现在我和里德小姐已旧情复萌，但是要想结合还有着许多困难。据说，她的婚姻并没有法律效力，因为人们说那人的前妻还在英国，但因为距离太远，证实起来真的不容易；还说他已经死了，可是也无法确定。即便这是事实，他留下的许多债务还得由继承人偿还。尽管遭遇重重困难，我们还是大胆地结了婚，时间是1730年9月1日。我们之前估计的种种情况，后来都没有发生。她不仅心地善良，也是个忠实的好帮手——竭尽全力帮我照料店铺。我们互相照顾，一起奋斗，尽量让对方生活得幸福。就这样，我总算是纠正了以前所犯下的一个大错。

“俊托”俱乐部聚会的地点，大约这时已经从酒店转移到格雷斯先生家的一间小房子里。那间房子是专门隔开供我们聚会用的。因为我们在讨论问题时要经常引用参考书，我提议把我们的书籍集中到开会的地方，查阅的时候可能更方便一些。这样，各人把自己的书籍集中在一起，就成了一个公共图书馆。我们也愿意把书籍放在一起，每个人都可以利用别人的书，好像每个人都拥有这全部的书一样。这个建议大家都很高兴，并一致同意。我们尽量把自己能拿得出来的书放置在小房间的一角。不过，聚集起来的书并没有我们期望的那么多，而且也存在诸多不便之处，因为缺乏管理，大概过了一年，这些书就又被送回主人那里。

就在这以后，我开始进行我的第一个公益性计划——成立一个会员制图书馆。我起草了一份建议书，请大律师布洛克登将其拟成文，凭借“俊托”俱乐部的朋友帮忙，征得 50 位会员。开始时每人每年捐助 40 先令，以后每年捐助 10 先令。图书馆的期限为 50 年。后来，我们取得许可证，会员增加到 100 人。这对北美洲举办会员制图书馆而言意义非凡，现在这样的图书馆已经屡见不鲜了。

成立图书馆本身已经成为一个伟大的事业，其数量在不断增加。众多的图书馆不仅丰富了人们的语言交流，而且使一般的商人、农夫像其他地方的大多数绅士一样变得聪明起来；也许在某种程度上对整个殖民地人民也有贡献，使他们为保卫自己的权利而努力斗争。

1771 年于特怀福德镇圣阿瑟夫教堂主教家中

备注：我按照自己写作的本意进行了以上记述，其中包括一些与他人无关的家庭琐事。回忆录的后面部分是后来写的。写法上采纳了下面信中所提出的建议，旨在为大众而写。

我的整个写作计划因革命工作而被迫中断。

第三部分

艾贝尔·詹姆斯先生的来信，其中附有对我的传记的评注

（收信地点：巴黎）

我亲爱的朋友：

我不止一次地想到要写信给你，可是又不能不顾虑到：这封信有落入英国人手中的危险，万一让某个印刷商或者不轨之人将其中部分内容公布于众，那不仅会给朋友带来痛苦，我自己也会因此而受到谴责。

我前些日子收到你写给令郎的手稿，总共23页，甚是欣喜。信中叙述了从你出生到1730年以前

的生平，附有摘录（也是你的手稿）。我抄写了一份，附在信中。如果你继续往下写的话，我希望这些能够帮助你将前后两部分内容连接起来。如果你还没有继续的话，我希望你不要再耽搁下去了。正如牧师告诉我们的——“人生无常”。如果善良而又仁爱的本杰明•富兰克林离朋友而去，人们会因这世间少了一部非常优秀的作品而深感遗憾的，因为这部作品不仅仅会令一小部分人，而且会令数百万人从中获得乐趣和受到启迪。这样的作品对年轻人心灵的影响是很大的。在我看来，任何著作的影响都不能与我们公众朋友的札记相媲美。这本札记在潜移默化地影响着青年，令他们积极向上，努力使自己成为一个像札记的作者那样善良而又杰出的人。举个例子，假如你的作品在出版（我认为不会不出版）时引导年轻人像你年轻的时候那样勤劳，并做到自我克制，这对年轻人来说无疑是件非常幸福的事。在我所了解的这一代人当中，没有哪一个人或者许多人加在一起能够超过你的影响，你的优秀品质将会对美洲年轻人非常有益，促使他们做到勤劳节俭和自我克制，以及早日关心公益事业。这并不是说你的这部作品在其他方面没有价值和用处，绝对不是这样。但这方面的价值最为重要以至于别的什么都不能与之相比。

艾贝尔·詹姆斯

我把这封信以及内附的材料给一个朋友看过，并且收到了他的回信，信的内容如下：

本杰明·沃恩先生的来信

我亲爱的先生：

你的教友会朋友帮你收集的那些你一生事迹的札记，我看过以后曾经对你说过，我要给你写信来说明我的理由，为什么我认为，正如你的那位朋友所希望的，将这本书写完并出版是很有价值的。前段时间，我因琐事缠身一直未能提笔，而且即便是写了也不知道是否有价值。不过，我现在正好有闲暇的时间，还是想写，至少我能从中得到乐趣，受到教育。可能在措辞上对于像你这样有风范的人会有冒犯之处。但是我想告诉你，如果我给别的人写信，那人也像你一样善良、伟大，不过没有你那么谦逊，那么我会说些什么。

我会对他说：先生，我之所以恳请你写出你的生平事迹，是出于以下的动机——你的一生非常不平凡，就算你自己不写，别人也会写的。与其让别人写得错误百出，不如自己写出来更好。再说，你写的自传能够展现本国的状况，在很大程度上会吸引人们前来新大陆定居。他们渴望了解你们国家的国情，而你又声名远扬，我不知道还有什么广告能比你写的自传更有效。你的经历和一个正在崛起的民族的习俗和环境密切相关。从这一点来讲，我认为：恺撒和塔西佗著作中对人性和社会真实性的批判与你的相比似乎就缺乏趣味性了。先生，在我看来，你的自传为铸造未来的杰出人物提供了机会；再加上你打算要出版的那本陶冶个人品行的《道德的艺术》，常常有助于促进社会和家庭两方面的幸福。与这两本书相比，我上面陈述的那些理由就显得不值一提了。

先生，我前面提到的两本书为自学成才的人提供了崇高的原则和榜样。学校的以及其他形式的教育，往往不从实际出发，方法笨拙，容易误导孩子；而你的方法简单明了，容易掌握；在父母和年轻人找不到正确的方法，无法设计或者判断合理的人生道路时，你却发现了“众志成城”的伟大力量，这简直太难得了！对一个人思想品德的影响，如果到了晚年，那么这种影响不仅来得太晚，而且成效不大；正是在年轻时期，我们培养了自己的习性和见解；正是在年轻时期，我们选择了职业、事业和配偶；正是在年轻时期，我们确定了人生的方向；正是在年轻时期，我们甚至拟定了下一代的教育方法和发展的方向；正是在年轻时期，我们确定了个人品格和公共道德观点。“人生”这个术语意味着从青年走向老年，所以人生从年轻时期开始，应该有一个良好的开端，尤其是在我们还没有确定人生主要目标之前，更应该如此。

你的传记不仅可以使自学成才的人受到教育，而且可以使聪明的人获得启迪。即使是最聪明的人，在看到另一位智者的行为以后，也能够获得智慧并促进自己的进步。我们已经看到：人类从古到今一直都在黑暗中摸索前进，几乎没有人指点迷津，那么为什么弱者就应当被剥夺这种权利呢？告诉他们吧，先生，告诉老一辈和小一辈，应该怎么做让普通人变得聪明、聪明人变得像你一样地充满智慧。政治家和军人对待人类是多么残忍，我们已经看到了；尊贵之人对待自己的朋友又是如何的违背情理，我们也看到了；现在我们能够看到一个榜样，他具有态度谦恭、正直善良、和蔼可亲等种种美德，这难道不具有教育意义吗？

你可以叙述一些生活上的琐事，那同样具有很大好处，因为我们特别需要了解日常生活中待人接物的原则，也很想知道你是如何处理这方面事情的。这个问题在人的一生当中非常重要，如果可以解释的话，许多小事早早地向他们解释会让他们有机会成为远见卓识的人。

说到个人的阅历，把他人的经历以饶有趣味的笔调写出来可以称得上是个捷径，这肯定只能出自你的笔下。我们所经历的事情以及对其处理的方法，要么简单明了，要么严谨凝重，都一定会使人有深刻的认识。在这些问题的处理方面，相信你一定会像你组织政治或哲学讨论那样见解独特。人生的经历和安排(将其重要性和谬误都考虑在内）中没有什么比这个更有价值了。

有些人道德缺失，有些人胡乱猜测，还有一些人心怀不轨，但是，我相信先生你会根据自己的实际情况进行写作。你的自传（因为在我看来，我正在描述的这个人在品德和个人生平上与富兰克林博士有类似之处）将带给人们这样的认识：出身卑贱并不可耻，与幸福、高贵和美德相比，一个人的出身似乎根本就不值一提，这一点已经为你所证明。

要实现一个目标，必须要有切实可行的方法。先生，我们发现你也制订了一个能让人有所作为的计划；同时我们还看到：虽然结果是美好的，但是一个智者从事事业的方法却很简单，那就是依靠人的本性、道德、思考和习惯。你在自传中还需要证明这样一件事情：要想登上世界这个舞台来展现自己，那是需要等待时机的。人们往往注重一时的热情，却忽视了持之以恒的道理。因此人们要对自己的行动做出安排，这样才能将计划切实地付诸实施。你的秉性在你的生活中就可以看到，它令你生活得愉快而又满足，不会为愚蠢的浮华和悔恨而苦恼。那些将伟人视作榜样来陶冶情操的人会非常容易就采取你的方法，因为你在为人处世中非常懂得忍耐。先生，你的一位教友会的朋友（在这里，我再次设想把信中自己正在描述的这个人比作富兰克林博士）赞扬你的勤劳、朴实和节制，并认为这些品质应作为青年人的典范。可是他忽视了你的谦逊谨慎和公正廉洁，没有这两点你不可能做到随遇而安，这一点足以体现淡泊名利和调节心理的重要性。如果你这位朋友也像我一样了解你的声望和品性的话，他可能会说，你以前写的著作以及采取的种种措施一定会使人们对你的自传和《道德的艺术》有所关注；反之，上述两本著作也会令人们想起你以前的著作以及采取的那些措施。这就是具有多种品格的好处，这一好处又会促使其自身的品格得到充分的发扬，这样你的自传就会产生更大的作用，因为不懂得修身养性的人可能要比没有时间去修身养性的人多。

但是，我还有最后一点想法，那就是把你的一生写成传记的意义。传记这种体裁看起来好像有点缺乏新意，但是却有很大的用处，你的传记也许具有更特别的意义，可以把它和各式各样的暴徒和阴谋家的传记作比较，和寺院苦行僧的荒谬以及无聊文人空洞的传记进行比较。如果你的自传能鼓励更多与你同类的作品问世，使更多人的生活值得作传记，那么你的传记价值将抵得上普鲁塔克写的所有传记的总和。有一种人，他的每个优点只能适合世界上某一个人。这种看法我并不认同。亲爱的富兰克林博士，我想在这封信快要结束的部分向你提出一点个人的请求。那么，我亲爱的先生，我真心希望你能够将自己高尚的品德展示给世人，否则它会为人们的争论所掩盖。考虑到你已是高龄，做事谨慎，思维方式独特，因此我想除了你本人以外，可能没有人能够充分了解你的生平事迹和内心世界。

除此之外，现时代的重大革命也必然要求我们去关注自传的作者。既然该书向人们展示了道德的原则，那么这些原则究竟如何发挥其作用就显得尤为重要了。你的品德将会为世人关注，这种品德应当（它不仅影响到你自己的国家，也影响到英国和欧洲）受到人们的推崇，并一代代地传下去。进一步来讲，我一直认为：为了人类的幸福，我们不但要证明现在的人类还并不是那么十恶不赦，还要证明正确的管理方式可以在很大程度上促使人们改过自新。为了同样的理由，我非常渴望人们能够接受这个观点：整个人类中都有着高尚的品德，如果真的以为所有人都毫不例外地不可挽救，那么善良的人们就会放弃无望的努力，或许想到在人生中你争我夺，或至少要使他们自己过得舒适一些。

我亲爱的先生，赶快行动吧，抓紧时间动笔吧！你本来就是善良之人，就请你向人们展示你的善良吧！你本来就是节俭之人，就请你向人们展示你的节俭吧！尤其需要证明的是，正如我们在你人生过去的17个年头里所看到的，你自幼就对正义、自由和和平非常热爱，并且这种热爱是生来便具有的。你要令英国人尊重并爱戴你。他们对你的国家的个别公民有了好感，进而就会对你的国家产生好感。你的同胞感到自己受到英国人的尊敬，他们也同样会尊敬英国人。请你看得更远一些吧，不要仅仅把目光放在说英语的人身上，等到许多自然方面和政治方面的问题解决以后，下一步要改良的就是整个人类了。

自传的内容我还没有看到，只知道该书的主人公，因此在此不过是随便说说而已。不过我深深地相信：我提到的自传以及《道德的艺术》一定能够满足我的愿望，如果能采纳我提出的几点意见，那就更好了。即使你的作品并不如你的崇拜者所期待的那样取得很大的成功，你也已经给人们带来了快乐。一个人在给别人带来快乐的同时，自己也会从中感受到快乐，否则就会备受忧虑的煎熬，生活在痛苦当中。我真诚地希望你能够倾听我的祈求。亲爱的先生，我对你的允诺非常期待。

本杰明·沃恩

1783 年 1 月 31 日于巴黎

自传续篇

1784 年，我在巴黎附近的帕西继续我的自传的写作。

我收到上述信笺已经有一段日子了，但是一直很忙，所以直到现在才有机会满足信中所提的祈求。如果我此刻在家的话，动笔就方便多了，因为我以前写的那些札记会有助于我回忆，使我确定事件发生的具体时间。我现在归期未定，又有些闲暇时间，就尽力回忆，把能写的尽量写出来。如果我能活着回去，还可以在家里完成修改和校正的工作。

由于以前写的手稿都不在身边，有关在费城创建公共图书馆的情形不知道是否已经叙述过。开始时图书馆的规模很小，不过现在已经相当可观了。我记忆中已经快写到创建的时间（1730 年）了，因此我就从这里开始继续写。如果以后发现有重复之处，还可以删掉。

我在宾夕法尼亚州创业时，波士顿以南的殖民地没有一家办得比较好的书店。纽约和费城那里，印刷商只出售纸张之类，以及日历、民歌和一些教科书。喜欢读书的人没办法，只好从英国购买。“俊托”俱乐部的每个成员拥有的书也很少。

俱乐部首次聚会的地点是一家酒店，租了一间房子作为活动场所。我提议我们每个成员都把自己的书集中在那个房间里，这样我们在讨论时随时可以参考，对大家都有利，我们还可以在这里借到自己想看的书并带回家去阅读，对此大家都表示同意。会员们在那段时间里都非常开心快乐。

我发现这么一个小小的图书馆就给大家带来了不少好处，于是就建议加以推广，建立会员收费制图书馆。我起草并拟定了计划和必要的规则，请一位精通业务的律师查尔斯·布洛格登先生帮我把草拟的文字改为规范的借阅条款，规定每个借阅者要预支一笔费用来购买首批图书，以后每年再付一定的金额用来增添图书。那时候费城读书的人很少，而我们这些人又大多很贫穷。我到处奔走，也只找到 50 多人，其中多数是年轻的商人。他们每人愿意先支付 40 先令，以后每人每年付 10 先令。我们就用这点钱起家，购买了一批书籍。图书馆每周开放一天，供会员借书，并且依照规定，不能按时还书者，按图书的定价加倍偿还。这种图书馆很快就显示出它的优势，别的州和别的城市都跟着仿效。由于得到了资助，图书馆的规模日益扩大，一时间读书成了风气。人们没有别的公共娱乐可供消遣，因此就把注意力集中在读书上面。多年以后，外界的人日渐发现，与其他国家同一阶层的人相比，这里的人修养和智慧更高一些。

上述借书条款协议的期限为50年，对我们以及我们的子孙后代都具有约束力。就在我们正要签字时，律师布洛格登先生对我们说："虽然你们都还年轻，但不大可能有人能够活到协议期满的那一天。"但到目前为止，我们中间有一些人仍然活着。不过那份协议事实上在签署几年后就失效了，因为上面发来了特许证，允许成立图书馆。这样一来，图书馆就成了永久性的社会团体。

我在给图书馆征集赞助者时遭到反对，或者虽然有同意的但却很勉强，这令我很快就想到：任何切实有用的计划，如果你公开自己是这个计划的倡导者，多少会显得你比同伴要略胜一筹。这样做很不恰当，因为这会让人觉得你有意沽名钓誉，而你完成这个计划恰恰需要这些伙伴帮助。因此，我尽量把自己隐藏起来，说这个计划是我们大家一起制定的，只是要我四处走访，并根据他们的建议推荐给那些喜欢读书的人。我采取这个办法后，工作进展得顺利多了。这次实践让我积累了一些经验，以后我碰到类似的事情都这样做，工作大都顺顺利利。我借此机会真诚地向读者推荐这样的方法。虽然当时失去了那么一点虚荣，但后面会还你一个公道。

图书馆给我提供了许多学习和提高的机会，我每天都要在那儿学习一两个小时，这样就能在一定程度上弥补我没有受过高等教育的缺憾（我父亲原本就有让我去高校读书的打算）。

除了读书，我没有别的乐趣；我从来不去酒店和赌场，也不到其他娱乐场所消磨时光；我工作卖力且持之以恒。在当时我必须这么做，原因是：印刷所的欠债我还没有还清；孩子渐渐到了受教育的年龄；我还要和两家印刷所（他们在我到这里之前就已经开业）竞争。不过，我的境况已经渐渐好转，日子也慢慢舒服起来，但我仍然保持以前那种勤俭节约的习惯。在我年幼时，父亲常常引用所罗门的格言来教育我："一个勤勉从事的人，他会站在君王之前，而不与小人为伍。"此后我就认为：财富和荣誉的获得都要依靠勤劳。这个格言一直激励着我。我并没有想过有朝一日自己会站在君王面前，但是这样的事情真的发生了——我曾经站在5个国王面前，而且还与丹麦国王一起进餐，对此我深感荣幸。

英国有一句谚语："一个人要想发达，就得请教他的内助。"我觉得自己非常幸运，因为我有一个贤内助，她和我一样勤奋节俭。她愉快地帮我处理业务，折叠装订小册子，照看店铺，收集破麻布给造纸厂等等。我们没有雇用仆人，一日三餐简朴平淡，家具也是最便宜的。比如说，在很长一段时间里我们的早餐都只有面包和牛奶（没有茶）。我喝牛奶用的是一只价值两个便士的陶制饭碗和锡合金的汤匙。尽管有勤俭的原则，但你可曾注意到奢侈是如何进入家庭并逐步蔓延的：一天早晨我去吃早餐，发现盛早餐的是一只瓷碗，还有一把银制汤匙！妻子事先没有告诉我就买了这些东西，花掉23先令的"巨款"。

她这么做并没有说明理由，也没有向我道歉。她只是认为：丈夫应该像任何邻居一样，有资格使用瓷碗和银制汤匙——我们家还是第一次出现银器和瓷器。后来，我们的生活渐渐富裕起来，这类的器具也随之增多，价值已有几百英镑。

我从小就接受了长老会教派的宗教教育。虽然该教会的一些教义我难以理解，比如“神命永恒”“上帝选民”和“神的职责”等等，对其他一些教义我也有过怀疑，并且很早就不参加该教会的公共集会（星期日是我的读书日），但这并不表示我没有宗教原则。比如说：我并不怀疑上帝的存在；上帝创造了世界并以他的神意治理世界；上帝最赞赏的是与人为善；人的灵魂不朽；善有善报，恶有恶报，不在今生，就在来世。我认为这些都是各种教派的精髓。既然我国各个教派都有，我对各个教派就都尊敬，只不过尊敬的程度有所不同，因为我发现这些教义多少与别的一些观点相混杂，而这些观点并不能鼓励或完善人们的道德情操，也不能坚定人们的道德信念，主要是分裂我们并使我们互不友好。我尤其认为：即使最坏的宗教也有其好的一面，因此我对一切宗教采取尊重的态度。这样我在谈论别的宗教及其信仰时就减少了一切不良的影响。本州的居民日益增多，需要的教堂数量也与日俱增。教堂一般是通过自愿捐款的方式建造。无论哪个教派需要捐助，我都会尽自己的一点绵薄之力。

我很少参加公共礼拜活动，但我认为做礼拜是应该的，如果主持得当，也会有不小的作用。我照例每年向费城唯一的长老会教堂和教长捐款以表示对他们的支持。这位教长和我是朋友，他有时候来看我，劝我参加他的布道活动。我也听从他的劝说，偶尔去做礼拜，曾经连续去了5次。尽管星期日是我的学习时间，但是如果他在我心目中真是个称职的牧师，也许我还会继续参加礼拜活动。可是他的布道内容要么是宗教方面的争论，要么就是讲解长老会特殊的教义。这些说教枯燥无味，而且毫无意义。他从未宣扬或者强调某一条道德原则，其布道的目的似乎不是让我们成为好公民，而是成为长老会的教友。

有一次，他选择了《圣经》中《腓立比书》第四章中的一节作为自己布道的题目："弟兄们，凡是真实的、忠诚的、正义的、纯洁的、可爱的、享有美名的，只要是有道德的或者有美誉的，这些事物你们都要考虑。"我想，用这样的经文来布道应该就会谈到某些道德伦理方面的问题吧。可他却按《使徒行传》里的含义，将内容仅仅局限在以下5个方面：

1. 虔诚地奉祀安息日；
2. 勤诵《圣经》；
3. 按时做礼拜；
4. 与人分享圣餐；
5. 尊敬上帝的使者——牧师。

上述内容也许都是好事，但是却与我的期待背道而驰。我从他的布道中指望不到什么美好的东西，只是感觉厌倦和失望，也就不再去听了。几年前（也就是 1782 年），我曾编排了一个小小的礼拜仪式，是那种祈祷文形式的东西，供自己私下使用，或者叫祈祷仪式，取名为《信仰条例和教规》。我这个时候又重新使用起来，不再去教堂做礼拜了。这样做也许会遭到指责，但我并不想去解释，我在此叙述出来只是想陈述事实，并非是要为自己辩护。

大概就在这一时期，我在构思一个既大胆又艰巨的计划，旨在追求道德完美的境界。我希望在今后的人生道路上不再犯错误；不管是天生的偏好或习性，还是因交友不慎而导致的错误，我都想要避免。我能够，或者自认为能够分辨得清楚孰是孰非，我不明白为什么就不能只去做好事而不做坏事呢。但是很快我就发现：我想完成的任务比想象中的要艰难得多。当我小心翼翼避免犯一个错误时，另外一个错误却出乎意料地冒了出来。习惯往往乘虚而入，嗜好有时候也能战胜理智。我最终得出这样的结论：认为完美的道德对人有利，只不过是空洞的信念，并不足以防止我们过失的发生；坏的习惯必须被打破，好的习惯必须培养和建立起来，这样才能使我们的行为正确，而且始终得到贯彻。我为达到这一目的设想了下面的方法。

在阅读的过程中，我发现：各家对于道德品行的论述有不同的说法，不同的作者对同一个名称会有不同的解释。比如说，“节制”这个词，有些人把它的含义局限在饮食方面，还有一些人却做了引申的解释，可以包括“调节”其他方面：各种娱乐、欲望、嗜好、精神与肉体的冲动，甚至包括贪婪和野心。为了确保意思的表达足够清楚，我宁可多列名目，每个名目附带比较少的含义，而不是少列名目，每个名目附带比较多的含义。关于道德名目，我列出了以下13条。当时之所以列出这些名目，是因为我认为这是我想要也是必须做到的，每条都附有一定的戒律，以充分说明我要表达的该名目的意义。

这些道德名目及其戒律是：

1. 节制：食不过饱，饮不过量；

2. 节言：于人于己不利的话不说，避免琐碎的闲聊；

3. 秩序：物件有所归，办事有定时；

4. 决心：该做的事情一定要做，决心要做的事情一定要做好；

5. 节俭：花钱要于人于己有利，决不浪费；

6. 勤劳：珍惜时间，时间要花在做有用的事情上，力戒无意义的举动；

7. 诚实：力戒虚伪欺诈，心存良知与公正，说话亦如此；

8. 正直：不做有损他人的事情，要做对人们有益的事情，这是你的义务；

9. 中庸：不走极端，别人对你的冒犯，若是正当，就要善于容忍；

10. 整洁：身体、衣物以及住所，要保持清洁；

11. 宁静：对待琐事、平常事或者不可避免之事，不可自扰；

12. 贞节：不要纵欲过度，有伤身体，切忌损害自己或者他人的安宁和名誉；

13. 谦虚：仿效耶稣与苏格拉底。

我的意图在于将奉行这些道德准则培养成一种习惯。我认为上述准则不要同时去实施，免得分散注意力，而应在一段时间里集中精力实行一条准则。当我掌握了一种美德并养成了习惯，再实行下一种，直到把 13 条完全做到。先获得的美德有利于其他美德的培养。有了以上认识，我把所有美德按照上述顺序加以排列。“节制”第一，因为它能够使人头脑清醒，遇事冷静，这对于时刻保持警惕、防止旧习复萌、抵制诱惑非常重要。养成了“节制”的习惯，实行“节言”就比较容易。我不仅想提高道德修养，还想获取知识。我认为：获得知识，与其用嘴巴，不如用耳朵，这样可以改正我当时正在形成的多嘴多舌、插科打诨的坏习惯——这种习惯只会使我与轻佻肤浅的人混在一起。所以我把“节言”列在第二位。培养了这一条和下一条“秩序”的美德之后，我会有更多的时间实施计划和用于学习。“决心”一旦成为自己的美德，就能使我坚定信心去获取其他各项美德了。“节俭”和“勤劳”使我还清债务，获取财富，走向独立。这样“诚实”和“正直”等等美德实施起来也就并不困难了。这样实施以后，我又按照毕达哥拉斯在其《金色诗篇》中说到的：日常检查是必要的。我遵照他的指教，并且为此设想出下面的办法。

我做了一个小本子，在每一页上都注明了各种美德，用红笔画了 7 道竖行，每个星期的每一天占一行，每一行上面标明代表星期几的一个字母。然后再用红笔画上 13 行横线，每行的开头标有表示美德的第一个字母。如果在当天发现过失，就用小黑点标在纵横线空格之中来加以说明。

表格式样

节制 食不过饱，饮不过量							
	星期日	星期一	星期二	星期三	星期四	星期五	星期六
节制							
节言	*	*		*	*		
秩序	**	*	*		*	*	*
决心			*			*	
节俭		*			*		
勤劳			*				
诚实							
正直							
中庸							
整洁							
宁静							
贞节							
谦虚							

我决定每个星期都对德行的实施情况进行严格的轮番检查。第一周，检查“节制”，竭力避免任何微小的过失，其他的美德项目正常实行，只是每天晚上对有关过失作上标记就行了。假如第一周内在标明“节制”的那一行没有黑点，我就认为这个美德已经得到加强，无节制就得到了削弱。这样我就大胆地把注意力集中在第二项上，到了第二周周末，保持两行里都没有污点。如此类推，一直进行到最后一项，13 个星期就完成全部过程。一年可以循环 4 次。就像一个园丁那样，他不可能把园子里的杂草一次性清除，因为那是力所不能及的，只能一次清除一个花坛的杂草，然后再清除下一个。我希望自己能像那个园丁一样，令人快慰地看到自己德行的进步，清除每一行的黑点，经过几个循环，在 13 个星期的日日检查之后，看到的是一个清清白白的小本子，那该是多么欣慰啊！

小册子的格言是我从艾迪生的《卡托》里面摘录来的几行诗：

如果苍天有眼，
我要坚持到底，
（那一定存在，万物都齐声高唱）
他一定对美德心存愉悦，
他喜欢的人必然喜气洋洋。

我还引用了西塞罗的格言：

啊！哲学！你是生命的指南！
啊！哲学！美德在寻找你，你把罪恶锄铲！
我们遵照你的指示，踏实苦干，
总会吉星高照，远离苦难！

在智慧和道德方面，我引用了所罗门的格言：

她的右手握着长寿的岁月，
左手托的是荣誉和财产；
她的道路充满着幸福快乐，
她走的道路都是平平安安。

在我看来，上帝是智慧的源泉。我们为企求智慧而去寻求上帝的帮助，这完全是正当的，也是非常必要的。正是为了这个目的，我写了一篇简短的祷告文，放在检查表格前供每日祈祷之用：

啊，万能的上帝！
啊，至上的天父！
请增添我的智慧，
以探索真挚的情趣。
请加强我的意志，

以执行你指挥的命令。
请接受我善良的效力，
为你其他的臣民。
这是我唯一的报答，
为了你对我诸多的恩宠。

有时，我的祈祷文也会引用汤姆生的诗歌：

光明之父，生命之父，
至尊至善的神明！
教导我吧，什么是善良，
你的教诲，我要亲自聆听！
救赎我吧，远离罪恶、愚蠢和虚荣，
还有那些形形色色的卑劣的追逐。
让我的心灵充满知识、宁静和纯真，
赐我神圣的祝福，实实在在，永无止境！

按照“秩序”这条美德的要求，我干任何工作都要按照时间来进行。我的小册子中有一页，专门记载一天 24 小时的工作安排：

早晨

问题：今天我该做些什么事呢？

5:00 ~ 7:00

起床，梳洗，向全能的主晨祷！

决定白天的工作，检查目前的学习。

早餐

8:00 ~ 11:00

工作

中午

12:00 ~ 13:00

看书，或者查看记录。

午餐

14:00 ~ 17:00

工作

晚上

问题：今天我都做了哪些事呢？

18:00 ~ 21:00

物归原处。

晚餐

听音乐，或者娱乐活动，谈话；

检查这一天的行为。

夜间

22:00 ~ 4:00

睡眠

制定好这个日常行动计划之后，我采用自我检查的办法实施了一个阶段，虽然偶尔也有过中断，但还是一直坚持着的。我从中发现自己所犯的过失比想象中要多得多，这着实令我感到很惊讶。同时，我也欣喜地发现，错误在一天天减少。我将错误在小册子上都做了标记，到新的循环周期时，就要把原来的标记擦掉，以便作新一轮的标记。于是，小册子上满是大大小小的洞口。为了避免时常更换小册子的麻烦，我把表格和格言用的纸更换成备忘录用的厚光纸，用经久耐污的红墨水画线，用黑铅笔标记出我的过失——这种记号很容易用湿海绵擦掉。过了一段时间，我一年中只实践了一个循环，慢慢地，几年才完成一个循环。最后，由于常常因公外出或者出国，还有许多琐事缠身，我根本就没有实施我的计划。不过那个小册子我总是带在身边。

对我而言，“秩序”这一美德实施起来最为困难。我发现对于一个能够自己支配时间的人，比如说，一个印刷工人，他实施起来或许可操作性比较强；但对于一个老板来说，实施起来就并不是件容易的事了，因为他需要经常外出，还要不定时地来安排和接待来访。即使将物件、纸张归还原位这样的事情，对我来说也很难保持“秩序”的美德。我早年没有养成“秩序”美德的习惯，但我的记忆力那时特别好，东西随便放置也并没有给我带来什么不便。因此，我花很多心思在实践“秩序”这一美德上，这方面的过失让我极为苦恼，纠正起来也收效甚微，经常是重蹈覆辙，我几乎想放弃努力，对于这方面的过失也不那么在意，正像一个人要向我的邻居铁匠买一把斧头，他希望把整个斧面磨得与斧刃一样光亮。铁匠答应为他磨，只要他同意摇转磨刀的砂轮。铁匠把宽阔的斧面牢实地压在砂轮上，那人就摇动，干起来十分吃力，不时地跑过来看看磨得怎么样。到后来他不肯再摇了，只想把斧子买走就算了。

“不，”铁匠说，“继续摇，接着摇，渐渐就会磨得光亮，现在才只见到一些亮的斑点而已。”

那人说：“行了，我就最喜欢带有锈迹的斧头。”

我相信许多人都会有这种情况，像我一样缺乏坚持到底的毅力，不知道辞旧迎新、弃恶从善的艰难，因此就放弃了努力，最后得出“带有锈迹的斧头最好”的结论。有些看似理性的东西时常会给我这样的暗示：我如此极端地追求完美，要是被别人知道，一定会拿我当笑柄。还有一种暗示：一个人的品德完善也许会引起他人的嫉妒与憎恨；那些仁爱的人应当拥有一些缺点，这样也算是给朋友留点面子。

我在“秩序”方面的陋习已经到了难以纠正的地步，这一点其实我是知道的。现在我年纪慢慢大了，记忆力也已经很差了，着实感觉到自己缺乏“秩序”这一品德。不过总的说来，虽然我的表现与曾经希望达到的完美境界还有很大的距离，但是我在努力尝试，这样比不努力要好，也愉快得多。就像有人临摹字帖要使自己的书法达到完美的境界一样，虽然没有达到字帖的书法那样完美，但是通过努力使得自己的书法有所进步，字迹不但清晰易辨，而且非常美观。

我的后代应当知道自己的祖先是凭借着这样不为人所关注的计划和上帝的祝福（这让他的一生都有幸运相伴），到了79岁还能写他的自传。至于在晚年是否会有逆运，这一切全凭上帝的安排。即便有，往日的快乐也足以让他泰然处之。“节制”使他的身体一直健康，到目前为止依然硬朗。“节俭”和“勤劳”使他早年境遇良好，积累了财产，获得了知识，成为一个有用的公民，并且在学识界人士中享有一定的威望。他凭借“诚实”和“正直”这样的美德赢得了国家的信任，被赋予了光荣的职责。

尽管上述的美德他没有达到完美的境界，但总体上也深受其影响：与人谈话时，他态度和蔼，言辞愉悦，人们乐意与他交往，甚至年轻人也喜欢与他打交道。希望我的子孙们能够以我为榜样，并且可以从中获益。

我还有一点要说明：我的计划中并不是完全没有宗教意识，但是它里面却没有任何教派的特定思想的痕迹。对此我有意避免，因为我深信，我的计划既有用又完美，而且对各种宗教信仰的人可能都适用。我打算找机会把这份计划发表出来，所以我不愿意对任何教派存有偏见以至引起他们的反对。我还计划针对每一条品德写一些简短的评论，说明具有某一项品德的好处以及与它相反的恶习的危害性。本来我打算把这本小册子定名为《道德的艺术》，因为该书指出了获得道德的方法，而不是单纯劝人为善的说教。后者的说教不能给人以启示，也没有指出恰当的方法。正像那个使徒一样，只能是口头上的慈善家，要那些饥寒交迫的人吃饱穿暖，但却不告诉他们如何或者从何处获得吃的和穿的东西。

我的写作和评论要发表的打算最终未能实现。的确，我常常会记下一些简短的感想或者推论之类的东西作为提示以备写作时使用，而且到现在还保留着一部分。可是我在早期的生活中，不得不关注一些个人的私事，后来又致力于一些大事，写作计划也就耽搁了。我以为这是一个庞大的工程，需要全身心投入才能完成。可是没有想到，我因为一连串的事情无法脱身，以至于这个计划至今未能如愿。

我想在这篇文章里解释和应用这样一项原则：单从人的本性来看，邪恶的行为因为受到禁止才没有产生危害；而受到禁止的原因，正是因为它们有害。每个人的兴趣都有其高尚的一面，都想要过幸福的生活。从这种情况来看，我要竭力让年轻人相信：在这个世界上，穷人要致富，除了正直和诚实，没有其他办法（世间那些达官贵人正需要运用诚实的手段来处理事务，但是这样的人真的是太罕见了）。

起初我只列出了 12 项美德的条目。但是一位教友会的朋友向我善意地建议：人们一般都认为我很自负，这种自负经常会在交谈中表现出来；我在讨论问题时往往不只满足于自己的正确，还要摆出盛气凌人，几近专横跋扈的架势来。为了让我认识到自己的这一缺点，这位朋友还列举了几个实例。于是，我决心在克服其他缺点的同时，尽可能地戒除这一恶习。因此，我在条目中加上了“谦虚”这一条，并且对其含义做了比较全面的解释。

在“谦虚”这项美德方面，我不敢夸耀自己取得了多大的成就，但从表面上看，已经有了很大的改进。我立下一条规则：与别人的意见相左，不得当面抢白；对于自己的意见，不得断然肯定。我甚至还按照“俊托”俱乐部的老规矩，让自己不得在言辞中使用如“肯定的”“毫无疑问的”相类似的词语，而要用“我猜想”“我估计”“我认为”“我以为事情可能是这样或者那样”“目前在我看来”等等。

有时我认为别人发表的意见是错的，但并不以一时的痛快来粗暴地反驳，也不立即去指出对方的荒谬。在回答时，我首先表明，在某种情况下对方的意见是正确的，但是按照目前的情况“似乎”“好像”有些不同等等。很快我就发现说话口气的改变带来了很好的效果，和别人的谈话显得比以前融洽多了。在提出建议的时候，我谦虚的态度令大家很容易接受我的意见，而很少有人反对；当我搞错了的时候，也少了一些难堪；假如我的意见碰巧是对的，别人也会放弃自己的错误观点而同意我的意见。

因为这种办法和我平时的习惯相悖，所以我开始实施时感到很为难，但是后来就容易多了，也渐渐地养成了习惯。因此，50 年来几乎没有人听过我说出武断的话。

我就体制方面的问题提出了开创性的建议，而且得到了市民的支持，这在很大程度上要归功于我的谦虚的美德（除了正直以外）；同样也因为这个美德，在我成为议员后在议会中有很大的影响——尽管我并不善于演说和雄辩，措辞和表达都有问题，但是对于我的观点，人们一般都会采取支持的态度。

自负实际上是人们与生俱来的各种习性中最难克服的一个。尽管我们竭力隐藏它，妄图杀死它，但始终未能做到，它一有机会就冒出头来自我展示一番。也许在这个传记中你还能经常看到它的影子，原因应该是这样的：尽管我已经完全克服了它，但我可能还在为自己的谦逊而自负呢。

第四部分

我于1788年8月在费城的家中开始动笔。我的许多书信和札记都因战争而丢失了，因此，我没有指望能从以往的笔记中得到多少材料来帮助写作，但我还是找到了下面这些部分。

我在前面提到，自己曾经设想一个大的计划。我想在这里将该计划的目的叙述出来，似乎比较合适。下面是保存下来的小纸条上的一些记载，完全可以说明我最初的一些想法。

1731年5月19日，我在图书馆读史，谈一些自己的感想：

革命和战争等重大事件在当今世界都受到党派的

影响，并且受到其左右。

一个政党的观点，就代表他们现时的共同利益，也可以认为他们的利益就在于此。

不同的党派会因观点的不同而产生混乱。

一个政党在制定总的行动纲领时，其每个成员的观点都代表了他自己特殊的个人利益。

一个政党一旦实现了共同的目标，党内每个成员就会因过分追逐自己的特殊利益而发生分歧，使得该政党四分五裂，从而造成更大的混乱。

无论政客们如何伪装，他们所从事的公共活动都很少纯粹出于对国家利益的考虑。尽管他们的行动确实对国家有益，但那也主要是考虑到他们自己的利益与国家的利益相一致而非出自为国为民的原则。

在政界中，说为全人类利益着想的，那更是凤毛麟角。

我认为现在该是成立一个“道德联合党”的时候了。各国的仁人志士可以组成一个正式的团体，并按照正确的规章行事。这些讲道德的善良的人们遵守这些规章的自觉性比普通人遵守法律的自觉性还要高。

我认为，目前如果有人具备资格试着建立这样的政党，那么一定会得到上帝的保佑，而且一定会成功。

本杰明•富兰克林

一直以来，我都在考虑这个计划。只要条件允许，一有空闲，我就会着手去干。我随时把自己的想法记在纸片上，可惜大部分已经遗失，只发现一份拟作章程主旨的文件，其中包括我当时认为是各个宗教的精义的东西。在我看来，这种精义并不会引起任何教徒之间的冲突，其具体内容如下：

> 创造万物的上帝，世间只有一个。
> 治理世界唯有用上天的道义。
> 崇拜、祈祷和感恩是人们向他表示敬意的方式。
> 与人为善，这是上帝最大的希冀。
> 灵魂永远不朽，
> 上帝定会在今生或来世惩恶扬善。

我那时的想法是：教义的传播首先应当只在年轻的单身汉中进行，入会的每一个成员不仅要宣誓同意这样的教义，而且要依照前面叙述的方法，实行 13 个星期的品德考察和亲身实践。教团在没有达到相当的规模之前，该组织应当严防不当之人混入。会员们应该在熟人之间谨慎小心、逐步地做好宣传工作；会员们应当互帮互助，以使彼此的利益和事业都能够获得进步；为区别起见，该组织应定名为“自由安逸社”。所谓“自由”，就是会员们已经普遍进行了道德实践，并且养成了习惯，能够自由于恶习之外。特别是勤劳和节俭的美德，可以让人们不再负债，生活自由自在，不再沦为债权人的奴隶。

对于这个计划，我现在能够回忆起来的就只有这些。不过需要说明的是，我将这个计划告诉两个年轻人，他们接受了，而且态度很积极。可是那时的我生活正陷入窘境，不得不集中精力从事生意上的业务，以致拖延了计划的实施。后来又因为公私两方面的事务缠身，计划的实施再次遭到拖延。现在再去想完成这个计划，已经感觉到力不从心了。不过，我仍然认为这个计划切实可行，把众多的善良公民组织起来实在是个好办法。尽管这个事业看起来很庞大，但我并不气馁，因为我一直认为：一个有能力的人，只要他有周密的计划，不浪费时间，集中精力在所研究的事业上，他一定能够建功立业。

1732年，我第一次以理查•桑德斯为笔名出版了我的年鉴——通常被称为《穷理查年鉴》，连续出版了 25 年。我在编写的过程中十分注重内容的实用性和趣味性，所以年鉴很受读者喜爱，也很畅销，每年达 1 万册，我也从中获得了丰厚的报酬。

这本书在当时很受欢迎，本州内几乎人手一册。我认为这本书在百姓内部起到了很好的传播作用，除了这本书以外，他们不再买其他的书了。因此，我在节日或别的重要日子之间的空白处插入一些格言——大都与教育人们如何克勤克俭，发家致富，培养美德有关。因为一个连温饱问题都难以解决的人，是很难恪守诚实这项美德的，这就应了那条谚语："空袋子，难直立。"

我将这些格言（它们包含了古今中外各个民族的智慧）收集起来编撰在一起，装印在1757年的卷首，这就如同一个智慧老人对着参加拍卖会的人发表演说。零星的良言一经集中会给人们留下更深刻的印象。这个作品广受赞誉，美洲大陆各家报纸竞相转载；英国将其在大开纸上单独印出，让人们贴在家中；在法国，有两个译本问世；牧师和绅士们购买了很多，前者用以赠送给教区里贫穷的教友，后者赠送给佃户。这本书在宾夕法尼亚州发行几年以后，该州市场的钱币有了明显的增加，有人认为本书有一定的功劳，因为书中规劝人们不要购买外国的奢侈品。

我还把报纸作为一种教育人们的工具。为达到这一目的，我常常摘录《观察报》或者其他文章中一些有关道德的论述，然后转载。我还从自己早年为“俊托”俱乐部所写的东西中选择一些来刊载，其中有一篇是苏格拉底式的对话，目的是要证明，不管一个人拥有多大的才识和能力，假若心术不正，就不能成为有识之人。另外还有一篇对话是与克己有关的，旨在说明：一个有道德的人，不仅要在具体实践中培养有道德的习惯，还要摆脱与之相反的邪念，这样的道德才能得到巩固，进而贯彻始终。上面提到的这些文章大概刊登在1735年年初的报纸上。

我对报纸的内容很谨慎，从来不刊登那些带有诽谤和人身攻击性的东西。可是这些东西近些年来却出现在报纸上，实在是有损我们国家的尊严。无论是谁要求我刊登那些东西，无论怎么请求，甚至以“出版自由，报纸就像受雇的马车，只要出钱就能占有一个位置”作为借口，我就这么回答：你愿意的话，我可以给你出单行本，想印多少册就印多少册，自己发行，但是诽谤人的责任不能由我来承担。我还对他们说，我和客户有约在先，提供给他们的文章必须有用或者有趣，不刊登有关个人恩怨的东西，那些与他们无关，登出来就是对他们的不公正。现在的报商中有许多都毫无顾忌，允许某些用心恶毒之人刊登造谣中伤的文章以诽谤我们中最优秀的人，甚至挑拨离间，引起斗殴；更为糟糕的是，有的报纸对所刊登的文章极不谨慎，有些文章还非常粗鲁地攻击邻邦的政府，甚至把矛头对准了我们最友好的盟友——这些行为都有可能引起极为严重的后果。我提出这些事的目的是要告诫年轻的印刷家，不要干这种不光彩的事情，而应该坚决杜绝，以免玷污我们的报纸，玷污我们的职业。希望他们能从我的例子中了解到：就整体而言，这样做并不会损害他们的利益。

1733 年，南卡罗来纳州的查尔斯顿需要开办一家印刷所，我派了一位工人去，还让他带了一台印刷机和一套铅字。根据双方签订的经营合同，我承担三分之一的开支，获得三分之一的经营利润。这个工人挺有学识，为人也很老实，但对记账一无所知。有时他给我汇款，却没有给我账单——在他生前，我们合伙的状况并不令人满意。他去世以后，印刷所的业务由他的妻子继续经营。她出生在荷兰，并在那里接受教育。我听说，那里的女子要把会计业务作为受教育的一部分。她不仅尽可能地把过往的账单搞清楚寄给我，而且把以后每个季度定时给我的账单都弄得一清二楚。她的业务经营很成功，不但把子女们抚养成人，而且在合同期满时，有足够的能力和财力盘下我的印刷所，让她的儿子经营。

我说出这件事情的主要目的是想告诫年轻的女子接受这方面的教育。如果不幸守了寡，这门知识对她们自己和孩子，比起唱歌跳舞似乎更有用，可以避免因遭到奸诈之人的欺骗而蒙受损失，或许还能靠着商业上建立的联系，自己经营赢利的商店，等到孩子长大以后独立掌管，发家致富。

1734 年前后，爱尔兰一位年轻的长老会牧师汉姆菲尔到了我们那里。他声音悦耳，能即席演讲，而且能讲得极其精彩，打动人心，吸引了不同教派的许多听众，受到大家的称赞。我也是其中之一，并且成了他的忠实听众。他的布道我很喜欢，因为他的教义几乎没有什么教条，而是强调道德的实践，或者按照宗教教规来解释什么是行善。但是，我们那里的教会却认为自己是正宗的长老会教派，反对他宣传的教义。那些老派牧师甚至相互串通，在宗教会议上指责他发表异端邪说，目的是要禁止他传道。我是他的热烈拥护者，竭力把赞同他的人组织起来成立一个团体，为他抗争了一个时期，希望他能战胜对方。在双方的笔墨交战中，我发现他虽然是个善于言辞的牧师，但文章却写得不怎么样。我替他写了两三本小册子，还在 1735 年 4 月的公报上为他写了一篇论文。那些小册子大都是争论性的文章，虽然在当时很受欢迎，但很快就为人们所淡忘。我怀疑那些东西现在可能连一本都没有了。

双方论战期间，一件很不幸的事情发生了，使得年轻牧师的传教事业受到致命一击。有一次，这位牧师的布道大受赞赏，没想到听众中有人觉得布道的内容或者至少是一部分内容曾经在哪里看到过。这个人在查找的过程中发现，布道的内容原来出自《英国评论》上刊登的福斯特博士的论文。这个发现让我们都对那个年轻的牧师极为反感，也就不再支持他，因此，我们在宗教议会中的争论很快就以失败告终。但是我仍然对他的布道很感兴趣，我宁可听他讲别人的优秀的道义，也不愿听我们普通的牧师讲自己那些很糟糕的道义。他后来对我说，他所讲的内容都不是他自己的；还说，他对于读过的有关道义的文章有过目不忘的记忆力。争论失败以后，他离开我们，去了别的地方，我也脱离了这个教会。之后的许多年，我虽然照常捐资支持该教会的牧师，但是不再加入那个组织了。

1733 年，我开始学习外语，很快学会了法语，可以轻松地阅读法语书报。接着，我又开始学习意大利语。我有位朋友当时也在学习意大利语，可他常常邀我下棋——这种娱乐占用我很多学习时间，于是我要求他答应我一个条件，否则就不和他下棋。我的要求是：获胜的一方有权要求对方完成一份作业，语法方面的或者翻译方面的都可以。输的那一方要信守承诺，下次见面时一定要兑现。我们是棋逢对手，因此在学习意大利语的进步方面也大致相当。后来我又花了些时间学习西班牙语，阅读文章基本上毫无障碍。

我曾在前面提过，我在拉丁语学校里学过一年拉丁文。但当时年纪还小，很快就忘得一干二净。掌握了法语、意大利语和西班牙语之后，我在翻阅《新（旧）约全书》时惊奇地发现，对拉丁语的了解比我想象中要多得多，这令我有了重新学习拉丁语的勇气。因为有前面几种语言做基础，我学得非常快，并且很成功。

学习语言的情况让我觉得，我们现在教授的那些外语学习方法似乎不大合理。在学习外语时，教授者常常要求我们先学习拉丁语，学好以后再学其他的现代语言，似乎这样就容易得多，因为其他语言都是从拉丁语派生出来的。那么，为了更好地学习拉丁语，为什么不先学习希腊语呢？一样的道理，如果你不用阶梯就能到达梯顶，那么下来就很容易；同样，如果你从最底下一级上去，也能比较容易到达梯顶。因此，我建议那些负责青年教育的人士考虑一下，由于以往许多人先学习拉丁语，学习几年以后还没有什么进步就放弃了，就是学会了也几乎没有什么用途，白白浪费了时间。那么，可不可以先学习法语，然后再学习意大利语以及其他语言，会不会更好一些呢？这样做，花同样的时间，即使以后不再学习外语，没有达到学习拉丁语的目的，但是他们已经掌握了一两门外语——都是现代使用的语言，在日常生活中也许会派上用场。

离开波士顿已经10年了，我的境况还算可以，因此就回了一趟波士顿，看望亲戚朋友——要是以往还没有这个经济实力。回来的途中，我去新港看望了我的哥哥，他已经在那里安了家，还开办了印刷所。我们冰释前嫌，愉快地会了面，还很有亲情的气氛。他的身体一天不如一天，担心命不久矣，他请求我，如果他死了，请我把他那年仅10岁的儿子抚养成人，让他学习印刷业务。我遵照哥哥的嘱托，送他去学校读了几年书才让他开业。在他长大成人之前，印刷所一直由他母亲经营。在他接替印刷所时，我送给他一套新的铅字，因为他父亲的那些铅字已经破损。我早期的离开令哥哥蒙受了损失，这也算是对他的补偿吧。

1736年，我一个可爱的小儿子因感染流行性天花而夭折，年仅4岁，我很悲痛。悲痛之余，我也悔恨不已，至今我仍然悔恨自己当初没有给他种牛痘。我之所以要说这件事情，是想告诫那些忽略给孩子种牛痘的父母，万一孩子不幸死于天花，他们将会永远不能宽恕自己，也会像我一样陷入懊悔之中。因此，应当采取较为安全的措施。

我们创立的“俊托”俱乐部是个很好的团体，会员们都很满意，其中有些还热心地介绍自己的朋友加入，可是俱乐部有这样的规定：团体成员的人数应有所限制，不得超过12人。因此，他们的要求我们很难满足。当初成立时，还立下要保密的规定——对此大家都能严格遵守。这样做的目的是要避免不当之人申请入会，而且他们当中有些人可能是我们无法拒绝的。反对增加会员的人当中也包括我，但是我想出了一个变通的办法，并且写了书面建议：每个会员可以自行组织分社，其规则可以沿用“俊托”俱乐部的章程，但不得透露其与“俊托”俱乐部的关系。这个建议的好处在于：通过我们这些社团的作用，可以提高很多年轻人的修养，还可以了解居民们对各种问题的普遍意见；另外，“俊托”俱乐部要想探讨什么问题，可以通过各个成员在分社里面提出来，然后集中起来反馈到俱乐部；有了广泛的反馈意见，我们的事业就会收到特殊的效益，从而扩大我们在公共事务方面的影响；我们还可以通过各个分社把“俊托”俱乐部的思想对外传播，提高我们行善的能力。

大家都同意我的建议，每个会员都分头去建立自己的俱乐部。不过，并非每个会员的工作都进展顺利，最终有能力建立俱乐部的只有五六个，名称叫得五花八门：有的叫“常春藤”，有的叫“团结”，有的称作“联合”，等等。这些俱乐部不仅对自己有作用，还能为我们提供很多信息和乐趣，同时也很有教育意义。此外，他们还能在很大程度上帮助我们解答某些对公众有影响的问题——相关问题我会在适当的时候进行说明。

1736年，我第一次获得升职，是担任州议会的秘书。那一年的选举，我以全票获得通过。到了下一年选举（秘书的任期与议员一样，每年选举一次），一位新任议员为了帮助其他候选人而反对我，还发表了长篇演说。但是大家最终还是选举了我。

我感到很高兴，因为秘书不但有直接的薪水，而且能有更多的机会与议员们密切地接触。这样一来，我就有可能接到印刷方面的业务，比如：印选票、法律文件、纸币以及其他一些零星的业务。总而言之，利润是非常可观的。

因此，我不愿意与这位新议员搞得不愉快。他是个绅士，“财”学兼备，其才能很有可能会在议会中发挥作用——事实证明确实如此。但我并不想卑躬屈膝地博取他的好感，而是在过了一段时间以后，采取了其他办法。我听说他的图书馆里收藏了一本很少见很珍贵的书，就给他写了一封短信，说明我很想阅读，请求他借我几日。他立即就送来给我。过了大约一个星期，我在还他书的时候附上一个便条，对他的好意表示诚挚的感谢。当我们下一次在议会见面的时候，他主动和我说话（过去从来没有过），而且谦恭有礼。从那以后，他在任何场合都乐意帮助我，我们彼此成了很好的朋友。我们的友谊一直持续到他去世。这件事再次说明了我以前学到的一句古老格言的正确性：“一个人帮助你一次，就会比受过你恩惠的人更愿意再次帮助你。”这也证实了一句老话：冤家宜解不宜结。多一个朋友总比多一个敌人要好。

1737年，弗吉尼亚州的前任总督——也就是现任邮政总局局长斯波茨伍德少校，由于他对自己在费城的代理人渎职、账目不清大为恼火，遂撤销其代理人的职务，要让我来接任。这对我十分有利，因此我很高兴地接受了。虽然这个职务薪水不高，但和外界联络很方便，有利于报纸的传递。这样一来，报纸的发行量增加了，还增加了广告，使我获得了很可观的收入。而那些和我竞争的老对手的报纸随之衰弱了。虽然过去他当邮政局长时一度禁止传送我的报纸，对此我并没有报复，因为我已经很满足了。他因为不善管账而蒙受极大的损失。我提及这件事情是想给年轻人以教训：他们可能受雇于人，替别人经营，但上缴账目必须弄得清清楚楚。这是考察一个人的德行时必须要看的一条，无论是对于谋求就业机会还是扩大生意往来都影响重大。

此时，我开始对公共事务产生兴趣，首先着眼的当然是一些小事情。我最先考虑的是整顿城市巡夜制度，因为我认为这个制度缺乏规范。他们的巡夜由相关警察所的警察轮流负责，警察预先通知一些户主陪同巡夜。而那些户主根本不去参加，只是每年缴纳 6 个先令雇用别人代替。但实际上根本就没有必要缴纳那么多的钱，反而使警察这个职务成了肥差。因为他们常常用一点酒钱雇用一些无赖跟着巡夜，而体面的户主又不屑于跟这些人混在一起，因此巡夜工作经常被忽视，巡夜的人大多以喝酒打发时间。我就这个问题写了一篇文章，并将其在“俊托”俱乐部宣读，指出巡夜工作的混乱不堪。我还特别强调，每户不分具体情况都要向警察缴纳 6 个先令很不合理。如果一个户主是寡妇，她的所有财产不会超过 50 英镑；而一个富裕的商人，其仓库储藏的货物价值成千上万英镑。这两个户主却要缴纳同样的巡夜费实在很不公平。

最后，我提出一个更加有效的值勤办法，那就是雇用合适的人员专门担任这项工作；要根据财产的多少来征收税金，这样才比较合理。

“俊托”俱乐部的成员都赞同这个建议，然后让各个俱乐部分别讨论，作为他们各自的意见。虽说这个方案没有立即执行，但却为改革作好了思想准备，也为数年后制定这方面的法律奠定了良好的基础——那时候我们各分社俱乐部的成员在社会上已经有了更大的影响。

我大约就在这时写了一篇文章（起初在“俊托”俱乐部宣读过，后来又发表了），论述了种种事故和因疏忽大意引起的火灾，提醒人们注意并提出预防火灾的措施。人们认为这篇文章很有用，随后就制定了成立消防队的计划，一旦发现险情，大家组织起来互相帮助，转移并保护财产。这个计划很快就得到落实，自愿参加的有 30 人。我们还制定了规章条款，要求每个成员遵守秩序，准备好如皮水桶、坚实的口袋和筐子（为了装运物品）类的用具，随时携带赶往火灾现场；大家还同意，每个月用一个晚上举行集会，就火灾方面的体会进行讨论和交流，因为这可能对我们实施防火救火很有帮助。

这个组织很快就发挥了作用，愿意参加消防队的人比我们估计的还要多，甚至已经超过消防队应有的人数。因此我们建议另外成立队伍，他们对此表示赞同。这样，消防队一个接一个成立起来了，连有钱的户主也有不少加入到这支队伍中来。我那时候组织的“联合消防队”，到现在为止成立已有 50 多年了，还在继续发展壮大。除了我和另外一个比我年长一岁的会员外，首批会员都已经去世。那时候凡不出席每月会议的都要罚款，数目虽然不多，但还可以用来为每个消防队添置防火器材，如灭火器、云梯、救火钩以及其他用具。因此，我猜想世界上没有哪个城市能像费城这样拥有良好的消防手段，可以在火势刚起时就将之扑灭的。事实上，自从消防队成立以后，该城发生火灾时烧毁的房子没有一次是超过两间的，往往在房子烧到一半时火便被完全扑灭。

第五部分

1739年，备受人们尊敬的爱尔兰牧师怀特菲尔德先生来到我们这里，他在巡回传教中声名卓著。起初，我们允许他在几个教堂里传教。可是，当地的教徒对他没有好感，不许他登台布道，因此他不得不把讲道的地点放在野外。听他布道的有各个教派的教徒，人数众多，我也是其中之一。据我观察，他这个人善于辞令，他的演讲对听众具有非常大的影响，受到众多听众的尊敬和赞美——尽管他经常斥责他们，骂他们是天生的"野兽加魔鬼"。令人称奇的是，费城老百姓的生活方式都因此发生了变化：人们本来对宗教态度冷淡，漠不关心，现在似乎到处都是一片宗教的世界，如果你晚上漫步，就会发现大街上家家户户都在高唱《圣经》中的赞美诗。

由于天气变化剧烈，人们在露天听布道很不方便，因此很快就有人建议盖一个教堂，并叫人负责筹集资金。没过多久就筹集到足够的资金购买土地和建造房子，教堂有100英尺长，70英尺宽，跟英国的威斯敏斯特大教堂差不多。在房子建造的过程中，人们精神饱满，干劲十足，工程完成的时间比预期要早得多。房地产就托付给一个保管委员会管理，并规定：任何教派的牧师，只要他想向费城的居民传教，就可以使用该教堂；这个教堂并不属于某一个教派，而是全体市民所共有的。即使是君士坦丁堡伊斯兰教法典官派一名传教士传播伊斯兰教，也可以在该教堂布道。

离开我们之后，怀特菲尔德先生到了佐治亚州，沿途在殖民地传教。该州前不久才有移民，不过他们并非勤劳刻苦的庄稼人，而是带着家眷的破产商人，或是破产的债务人，大多懒惰成性，还有的刚出狱；他们都住在丛林里，既不能开荒种地，又吃不了新定居地的苦，其中有许多人死了，留下许多孤苦无依的孩子。看到这种凄凉的景象后，怀特菲尔德先生动了恻隐之心，想要建一个孤儿院，让孩子可以在那里得到抚养和教育。于是，他在北上途中为这个慈善事业布道，他极具说服力的口才打动了听众，他们纷纷解囊，因此很快就募集了大量的捐款，我自己也是一个例子。

我并不反对怀特菲尔德先生的计划，但由于当时的佐治亚州缺乏建筑材料和工人，从费城调动工人和材料运到那里，代价又太高，于是，我想到一个更好的办法：把孤儿院建造在费城，送孩子到这里来抚养。但是他不同意我的建议，仍然坚持按照自己原来的计划行事，因此我拒绝捐款。

事后没多久，有一次我碰巧参加他的布道活动。我估计他在布道结束时会搞募捐，就暗暗下了决心：他休想从我口袋里掏出一文钱。当时我口袋里有一把铜钱，三四个银币，5 枚金币。没想到他一开始捐款我的心肠就软了，还是决定把铜币捐出来。接着听他继续布道，我就觉得很羞愧，决定捐出银币。他结束布道时讲得很精彩，我把口袋里的金币一个不剩地全都掏了出来，放到收款人的盘子里。

这次来听讲的人中还有一个“俊托”俱乐部的成员，他在佐治亚州建立孤儿院的问题上和我的看法一致。他估计自己这次可能要募捐，因此在离家时就已经有意将口袋掏空了。可是在布道快要结束时，他心里便产生了强烈的冲动要去捐款，就向站在旁边的一个邻居借钱。遗憾的是，这位邻居可能是在场的唯一一个下定决心不为牧师布道所动心的人。他回答说：“霍普森兄弟，在任何时候，只要你开口，我都可以借钱给你，除了现在，因为你今天明显是失控了。”

一些与怀特菲尔德先生为敌的人怀着不良居心，到处散布谣言，说他募集的钱财都进了自己的口袋。但是，凭着对他的了解（我对他很熟悉，他曾经要我印刷他的布道文和日记等），我从来没有怀疑过他的人品。直到今天我仍然坚信，他是个诚实的人，一举一动都无可挑剔。我和他没有宗教上的关系，我的证明应该比较有分量。过去他的确为我祈祷，规劝我皈依，但是我一直都不怎么在意这些。我们俩之间纯粹是朋友的友谊，彼此坦诚相待，这种友谊一直持续到他去世。

我想通过下面的例子来说明我们之间的这种友谊关系。有一次，他从英格兰来波士顿，写信告诉我说，他很快就要到费城，不知道可以住在什么地方，因为他的老朋友，也就是他的房东贝内泽先生已经搬到日耳曼城去了。我答复他说："你是知道我的住处的，如果不嫌简陋，我十分真诚地欢迎你住到我这里。"他回答我说，如果我是因为基督的原因接待他，我一定会得到上帝的祝福。我再次回答说："不要搞错了，我不是看在基督的分上，而是看在你的分上。"我一个朋友还和我开了个玩笑，他说圣徒们有个习惯，就是在接受别人的款待时，不是把这份人情记在自己的头上，而是记在天上。而我呢，早已把这份人情记到了地上。

我最后一次见怀特菲尔德先生是在伦敦，当时他就孤儿院的情况征求我的意见，他说他想把孤儿院改办为一所学院。他说话的声音清晰而洪亮，每个字都能够听得很清楚，就是在很远的地方也能听明白，尤其是他的听众即使再多，也能保持绝对的安静。有一天黄昏的时候，他站在法院门口的最高一级台阶上布道，法院位于市场街中心、第二街的西端，两条街相交成直角，街的两侧都站满了听众，直到很远的地方。我当时站在市场街的最后面，很好奇他的声音究竟能传送多远。因此，我沿着街道向河边后退，直到我退到前街仍然能听到他的声音，而且还很清晰。后来因为那条街上太嘈杂，他的声音才被淹没。当时我还在猜想，如果那地方是个半圆，我和他之间的距离为半径，半圆之中都站满了听众，假设每个听众所占的面积为两平方英尺，计算出来他的听众大概在30000人以上。报纸上宣传说他在空旷的地方传道，听众达25000人；我原来并不相信古代历史上将军能够向整个部队训话，不过从目前的情况看，这些报道的确值得相信。

我常常听他的布道，所以能够很容易地辨别出哪些布道内容是新的，哪些是在沿途中经常讲到的。后一类的布道因为多次重复，其内容逐步改进，字句和韵律都无可挑剔，达到了完美的境界，即使听众对所讲的题目不感兴趣，也情不自禁地听他布道，好像听一支美妙的乐曲一样令人心情舒畅。与驻地牧师比起来，这可以算得上是巡回传教士的一个优势。因为驻地牧师没有那么多反复实践的机会，传道的艺术也就很难得到改进。

与布道相比，他发表的论文或者印刷品就不大能令人满意了，甚至常常给对手以可乘之机。有的表达不够慎重，甚至还有错误的观点，如果是在布道的时候出现这样的问题，以后还可以解释，进行一些补充说明，可使错误得以改正，或者干脆加以否定。但是书面上的东西就不同了。批评界对他的文字大肆攻击，这令他的信徒人数明显减少。我想，如果他生前没有写过任何东西，他的信徒人数会更多，会创立更重要的教派，他的声望也会随之提升。即使他在死后没有留下什么文章，也就没有可攻击的依据来贬低他的人格，他的皈依者就可以尽情颂扬他，用他们极大的热情来讴歌他的美德，将他视为一位全能型人才。

我的印刷生意日渐红火，境况也越来越好。报纸的利润已经十分可观，因为它曾经成为本州和邻近一些州唯一发行的一份报纸。“赚到第一个100英镑以后，赚第二个100英镑就容易多了。”我才真正悟出这句谚语的道理：钱本身是能够大量繁殖的。

我在卡罗来纳州的经营非常成功，这令我很受鼓舞，从而很想进一步开拓市场。我提拔了几个表现出色的工人，按照与卡罗来纳州相同的条件在其他几个殖民地开设印刷所。他们大多干得很出色，在6年合同期满以后就能买下印刷所，自己独立经营并依靠它养家。有些合伙经营的往往到结束时在争吵中不欢而散，而和我合伙经营的在结束时通常是皆大欢喜，这令我很欣慰。我认为这主要是因为我们在签订合同时就把双方应有的权利和应尽的义务都做了明文规定，这样就避免了争吵的发生。因此，我把这种防范措施推荐给所有合伙经营的人。因为在签订合同时，无论双方怎样互相尊重、互相信任，但由于在经营中各人所承担的事务各不相同，容易产生不平等的想法，从而可能引起嫉妒和怨恨，使得友谊破裂，合作无法继续下去，甚至还会引起法律纠纷和其他方面的不快。

总的来说，我对自己在宾夕法尼亚州的事业还是有充分的理由感到满意的。不过，也有两件事情令我很遗憾：一是没有防务条款；二是没有为青年人提供完整的教育设施，没有国民警卫兵，也没有学院。因此，我在 1743 年起草一份建议，希望能够建立一所学院。当时，我想到了受人尊敬的彼得斯先生，他那时正赋闲在家，管理学院这样的工作对他很适合。我跟他谈了这个计划，没想到他竟然拒绝了我的建议，认为给有钱人干事更加有利可图，后来他在这方面也确实很成功。由于我找不到可以信赖的人担当此任，就暂时把这件事情搁置下来。第二年，即 1744 年，我建议成立一个“哲学学会”，这个计划得到成功的落实。我还为此事写了一篇文章，该文章收在我的著作里。

在防务方面，由于西班牙和英国的战争已经打了好几年，后来法国也参战，加入到西班牙一边，这使我们这边的情况变得十分危急。本州总督托马斯试图说服长老会下的议会通过一项军备法案和其他一些着眼于本州安全的法案，但遗憾的是，都未能取得成功。我决心尽最大可能促使民众组织成一支自愿团队。为了实现这个目标，我首先撰写并出版了一个小册子，题为《朴实的真理》。在书中，我着重强调了：我们正处于毫无防御的境地，为了保护我们自己，必须组织和训练队伍，并在几天之内成立民众团体，要求大家为此而签名。出乎我意料的是，这本小册子的效果竟是这样地立竿见影。我被邀请去负责社团的组织准备工作，并且和几个朋友在一起草拟了组织方案，还将前面提到的大会堂指定为民众大会的召开地点。会场里坐满了人，我把事先准备好的志愿书、笔和墨水，分散地放置在会场的四周，向他们阐明会议的宗旨，宣读了志愿书，并且做了解释，然后把志愿书散发给他们。他们都很热情，纷纷签名，没有任何异议。

散会后，我们收集《志愿书》，发现有1200多人签了名；另外还有一些《志愿书》分发到乡下，签名的人数共计10000多名。他们以最快的速度进行自我武装，组成团队和连队，选举自己的长官，每个星期集合一次，主要是进行持枪训练和其他方面的军事训练。妇女们为团队捐助绸缎彩旗，旗帜上绘有我设计的不同的图案和标语口号。

费城团队里各个连队的长官开会推选我为他们的上校指挥官，但我认为自己不合适，因而谢绝了这个职务，推荐了劳伦斯先生，他德高望重，担任这个职务也是众望所归。此外，我还建议发行彩票，集资修筑城下炮台并且配置大炮。资金募集非常顺利，炮台不久就完工了。城堞是用圆木搭成的，里面镶嵌的是泥土。我们从波士顿那里购买了几门旧炮，但是数量还远远不够，于是我们写信去英国购买。与此同时，我们还向费城的领主请求支援，尽管并不指望能够得到他们的帮助。

团队这时派遣劳伦斯上校、威廉·爱伦、艾布拉姆·泰勒和我去纽约向克林顿总督借一些大炮。起初他对此事坚决拒绝，后来在酒宴上，他跟他的官员按照当地的风俗喝了大量的马德拉葡萄酒以后，口气有所缓和，表示愿意借给我们6门大炮。再请他喝了几大杯，他就增加到10门；最后发了善心，答应给

18门。这些都是优良的大炮，还带有炮架，可以发射18磅的炮弹。我们迅速运回费城，安装在炮台上。在战争持续的时间里，团队士兵晚上要站岗警戒，我也曾作为普通士兵参加轮流值班。

总督和议会对我在这些方面的活动深感欣慰，对我很信任，遇事都同我商量；从另一方面来讲，跟他们合作也有利于团队。为了能够得到宗教上的支援，我建议他们宣布一个斋戒日，以便祈求上帝的祝福，从而促进我们事业的改善。他们很爽快地答应了。可是在本州这还是第一个斋戒日，秘书起草通告没有先例可循。新英格兰那里每年都有斋戒日，我在那里受过教育，现在能派上用场了。我按照通常的格式起草了通告，又译成了德语，用两种文字刊行，散发到全州。不同教派的牧师可以利用这个机会，对他们的会友施加影响，让他们加入团队。如果不是因为战火很快就熄灭了，或许教友会以外的其他教派都会参加团队。

有的朋友认为，我参加这些活动会得罪教友会，从而可能会失去在州议会的利益，因为教友会在议会里占大多数。一位在议会有几个朋友的年轻绅士，想接替我在议会的秘书职位，就对我说，议会已经决定在下一次的选举中免除我的职务，因此他好心建议我辞职，这比罢免要体面一些。我回答说，我曾读过或者听过某个公务要员立下一条原则：从不去伸手谋求职位，但要请我任职我也从来不会拒绝。我说我赞成他定下的原则，并且在实行时给以一点小小的补充：我从不谋求职位，不拒绝职位，也从不辞职。如果他们要解除我的秘书职位，然后再安排给别人，他们解除好了。他们可以将我免职，但我将保留我的权利，在适当的时候向我的对手实施报复。此后，我再也没有听到要我辞职这一类的话了。议会在下一次选举时，我像以往一样，仍然当选，而且是全票当选。

近来我和州里的参事们交往密切，这或许使他们不高兴，因为总督和议会在军备问题上经常意见不一，令议会陷入长期的烦恼之中，而参事们总是和总督站在一起。如果我和他们主动疏远，议员们可能正好如愿。但是他们找不到合适的理由，总不能仅仅因为我热心团队事务就将我免职吧。

我相信任何议员对于保家卫国的事都不会有不同的意见，但是别指望能够得到他们的帮助。我发现，支持防务且反对侵略战争的人比我想象的要多得多。针对这个问题，已经有许多小册子出版，包含了正反两方面的观点。其中一些对防务持赞成态度的小册子的作者就是优秀的教友会成员。我想，年轻的教友会成员大多是可以被说服的。

这时，消防队里发生的一件事儿，使我知晓了教友会里普遍存在的思想情绪。为鼓励建筑炮台而购买彩票，有人建议动用消防队现有的存款——大约 60 英镑。可是我们有规定，这笔钱只有等到下一次会议决定以后才能动用。消防队有30名成员，其中 22 人属于教友会，只有 8 名属于别的教派。开会时，我们 8 名准时到场；虽然也想到教友会中会有人支持我们，但从来没有想过会形成多数。22 名教友会成员中，只有詹姆斯·莫里斯先生一人明确表示反对这个意见。他对产生这样的议案深表遗憾，他认为教友会的成员都会反对这个议案，还可能会因此而引起纠纷，导致消防队解体。我对他说，事情还不至于严重到那样的程度，我们是少数派，如果教友会的成员不同意此案，他们的票数比我们多，按惯例，我们也必须少数服从多数。有人建议投票表决，投票的时间到了。莫里斯先生表示，按照规定就该立即投票，但是他说，教友会还有好多成员没有到场，他们都要投反对票，建议我们稍作推迟，等待他们的出席。

就在我们争论的时候，有位使者来告诉我说，楼下有两位绅士想见我，有话要跟我说。我下了楼，只见那里有两个教友会教徒。他们对我说，附近的酒楼里有 8 个教友会成员在开会。他们认为如果有必要的话，就会过来和我们一起投赞成票，但是他们希望的是：如果没有他们相助，我们也能通过议案，那就不要叫他们出席会议了。因为他们担心自己到场并投了赞成票的话，就有可能与教友会的长老和教友发生争执。既然已经有把握能够获得多数票，我就回到了楼上。我故意犹豫了片刻，表示同意将投票延长一个小时。詹姆斯·莫里斯先生认为这样做极其公正。但是令他极为惊讶的是，他指望投反对票的教友没有一个人到场。一个小时过去了，我们投票表决，结果是 8 票赞成，1 票反对。因为在 22 名教友会会员中，有 8 名投了赞成票，还有 13 名没有出席，表明他们并不反对这项议案。据我估计，对于防务提案赞成和反对的真正比例不过是 21 ∶ 1。这些人都是教友会的忠实会员，在教徒中威望极高，而且对这次会议要讨论什么内容早已心中有数。

有位叫詹姆斯·洛根[1]的先生很受人们拥戴，而且有着很高的学术造诣，一直是教友会的会员。他给教友们写了一封公开信，表示对防御战争的支持，并且说明了支持的理由，论据充分有力。他把那60英镑交给我，要我去购买建筑炮台的彩票，并且声明：无论得到何种奖金，全部都用于建筑炮台。他还对我讲述了下面这段往事：

那是关于他的老主人威廉·佩恩在防卫方面的一件趣事。洛根先生年轻时曾作为秘书随同他的主人佩恩从英格兰到了美洲。他们所乘的船后有一只武装舰尾随，因为当时正处于战争时期，他们以为是一艘敌舰。船长准备抵抗，但是却对威廉·佩恩和他的教友会会员说，他并没有打算让他们帮忙，他们都可以下船舱躲避。那些人都去了船舱，只有詹姆斯·洛根依然坚持待在甲板上，于是他被委任看守一门大炮。那艘被误认为是敌舰的船其实是一艘友好船只，所以根本就没有发生什么战斗。可是当秘书下去告知大家这个消息时，威廉·佩恩却对他严加指责，说他不应该待在甲板上护舰，这样做违背了教友会的原则，最重要的是他没有得到船长的允许。当众受到责难令秘书满腹委屈，于是他就回答说："我是你的仆人，你为什么不命令我下船舱？当你身处险境时，难道不希望我与那艘军舰作

[1] 詹姆斯•洛根(James Logan，1674—1751)，北美洲英国殖民地政治家，同时也是商人。1699年担任威廉•佩恩的秘书。后来跟随佩恩到了宾夕法尼亚州，曾经担任总督府参议。1736年至1738年，总督不在时，他成为实际上的行政长官。1722年当选为费城市长。1731年担任宾夕法尼亚州最高法院院长。

战吗？”

议院中教友会会员占了大多数，这使得在州议会里工作多年的我常常有机会看到：每当英王下令要他们筹备军费以供应战争的需要时，他们就会陷入尴尬的境地，因为这违背了他们的反战原则。他们不敢断然拒绝，怕得罪政府，但是又不肯违反教规而冒犯教友会的大多数朋友。于是，他们就想出各种各样的借口来推托，实在推托不掉，就想尽各种办法来掩饰。最后往往以“为国王所用”为借口通过拨款，但究竟如何使用，根本无人理会。

如果要求拨款的命令不是国王下达的，那么“为国王所用”这样的借口就不再适用了，就必须想其他办法。比如，当需要火药时（我想是为路易斯堡的驻军所用），新英格兰政府就向宾夕法尼亚州求援。这时，总督托马斯就极力主张议会给予支援，但是却不能同意拨款买火药，因为火药含有战争的因素。他们可以通过投票来决定是否给予新英格兰 3000 英镑的援助，这笔钱由总督掌握，用于购买面包、面粉、小麦或者其他谷物。有些参政院的参事们想给议会制造麻烦，就建议总督不要接受那笔援助款，因为所买的东西并不是他所要的。但是总督回答说：“我要那笔钱，因为我非常明白他们的意思，所谓‘其他谷物’就是火药。”总督顺理成章地买了，他们从来也没有提出反对意见。

我从这件事中得到启示：在消防队里，我们非常担心买彩票的建议得不到通过。我曾经对一位队员也是我的朋友辛格先生说过：“假如他们不同意，我们就另提议案，说要用这笔钱购买一辆消防车，对此教友会总不能反对吧。我们到时互相提名，都成为办理人员，买一门大炮，大炮不也就是消防车吗？”

“我看出来了，”辛格先生说，“你在议会待了这么长的时间，总算有些长进。这样模棱两可的建议跟他们的小麦或者‘其他谷物’真是不相上下。”

教友会确定并公布的一项原则使之常常处于尴尬的局面，这项原则定义的是：任何战争都不合法。原则一旦确定，要想改变就不是件容易的事了。这令我想到我们中间的另外一个教派——浸礼会教派所采取的比较谨慎的做法。这个教派建立没多久，我就认识了他们当中的一位创始人迈克尔·韦尔费尔。他满腹怨气地跟我说，别的教派中的一些狂热分子对他们的教派恶毒攻击，对他们的教义和行为肆意歪曲，让他们背负了莫须有的罪名。我跟他说，这种情况是一个新的教派在创立之初常常会遇到的。制止别人诽谤的最好办法就是将自己的信条和教规公布于众。他说他们当中也有人这样建议过，但最终并没有得到大家的同意。他对其中的原因做了这样的解释：

“当初我们聚集在一起成立一个教派，上帝给我们以心灵的启迪，使我们看清了本来是谬误的信条，而我们却以为是真理；同样地，一些本来是真理的信条，我们却以为是谬误。上帝不时地启发我们，令我们的道义得到逐步完善，错误也在不断减少。到目前为止，我们还不能完全肯定地说，我们的进步达到了顶点，我们心灵和理论的认识达到了完美的境界。我们担心的是，信条一旦公布于众，我们的行为就会受到制约，可能紧接着就会故步自封。我们的下一代也会更加如此，他们会认为老一辈创业者的业绩庄严神圣，不容侵犯。”

如此谦逊的一个教派在人类历史上真可谓是凤毛麟角。别的教派都以为自己掌握了全部真理，把那些与其相左者都视为谬误。这就好像一个人在大雾弥漫的天气里行走，看到他前后的以及田野两旁的人被雾气笼罩，只能看清楚在他附近的人。然而，他事实上也和别人一样，深陷于迷雾之中。为了避免这种难堪的局面，教友会的教徒近年来在议会和政府的公职方面，热心程度有所减少，他们宁可放弃权力，也不愿放弃教规。

如果按照时间顺序来叙述，下面的事在前面就应该说了，那就是我在1742年发明了一种火炉。这种火炉不仅能够使室内更暖和，而且还能节省燃料，因为新鲜空气进来时就被烘热了。我早年的一个朋友罗伯特•格雷斯先生有个制铁厂，因此我制作了一个模型送给他。随着这种炉子需求量的日渐增加，他发现制造这种炉子的铁板是个很赚钱的生意。为了增加炉子的销量，我撰写了一本小册子，并将其出版，题目定义为“新发明的宾夕法尼亚州火炉说明书：详细说明炉子的结构和使用方法；室内取暖胜于其他任何取暖用具；凡有疑问必答复，有异议必解释”等等。大家对这本小册子反应很好。我在其中对炉子构造的说明引起了托马斯总督浓厚的兴趣，他还答应给我几年的专利。不过我婉言谢绝了，原因是我在这个问题上遵守着一条原则，那就是：既然别人的发明已经使我们受益匪浅，那么我们的发明能给予别人一点奉献，何乐而不为呢？我们在这样的事情上应该慷慨大方才对。

伦敦的一个制铁商人抄袭了我小册子里的很多内容并据为己有，然后对炉子稍加改动（这一改动极大地损害了炉子的作用），在那里获得专利，而且据我所知，他还以此发了点小财。我发明的东西最终被别人获得专利并不仅仅只有这一项，但是他们并没有都像伦敦的那位制铁商人那样成功。我从来没有和他们起过争执，因为我并不想依靠自己的专利获利，而且我本人对于争辩也很反感。本州和邻近的一些州内有许多户人家使用这种炉子，居民已经节省并且正在节省大量的木材。

合约签订之后，团队防务的事情也就宣告结束，我可以再次把精力集中到建立学院的事情上来。首先，邀集一些热心的朋友（其中大多数是来自“俊托”俱乐部）共同谋划此事；接着，我撰写并出版一本小册子，题目为《宾夕法尼亚州青年教育之建议》，并免费赠送给在当地比较有影响的人。等到他们对这件事情有意向时，我就开始着手为筹建学院进行募捐。他们捐款每年一次，分 5 年交清。我认为，采取这种分散交款的办法，捐款的人会更多一些。在我的记忆中，这次的集资不会少于 5000 英镑。

我在建议书的序言部分做了这样的说明：兴办学院的发起

人并不是我，而是一些具有公益精神的绅士。因为按照我一贯的办事原则，凡是公益事业，我尽量避免说自己是什么创始人。

为促使这项计划得以尽快实施，捐款人在他们当中挑选了24个人担任这个事业的董事，并且指派两个人（一个是我；另外一个是弗朗西斯，他当时是首席检察官）起草一份学院的行政管理章程。章程拟订好并经大家签字以后，租了一所房子，聘请了教师，学院就正式开学了。如果我没有记错的话，这大概也是1749年的事情。

求学的学生越来越多，房子很快就容纳不下了，于是我们就去寻找位置合适的地皮以建筑校舍。就在这时，上帝的福佑让我们找到了现成的一所大房子，只要经过稍稍改动就可以投入使用。这就是前面提到的怀特菲尔德先生的听众所建筑的教堂。我们是通过下面的方式得到这所房子的。

值得注意的是，这所房子是不同教派的人捐资建筑的，房子和地基由指派的保管委员会负责保管。任何一个教派都不能在这个委员会里占据优势，以免某一个教派利用这种优势谋一己私利，就违反了建筑这所房子的初衷。因此，每个教派只能有一人参加这个委员会，这些教派包括：英国国教（又称“圣公会”），长老会，浸礼会，摩拉维亚教派，等等。如果委员会的成员中因为有人死亡而形成空缺，委员会就从捐款人中选举一人来填补。摩拉维亚教派的委员死后，由于委员会的成员碰巧很不喜欢这位委员，因此就决定不再从那个教派增派人选。但这样做遇到了问题，就是重新选举时如何避免一个教派占有两个位子。

委员们举荐了好几个人，但是因为上述原因都未能通过。后来有人提到了我，并陈述了这样两条理由：我完全是个诚实的人；此外，我不属于任何教派。大家都表示赞同，因此我被选进了委员会。大家在当初建造房子时所表现的那种热情早已经淡了许多，与此同时，管理委员会既没有能力募集新的捐款来支付地租，又没有办法偿还建造房子时所欠下的其他债务，因此陷入极大的困境。此时的我既是房屋建筑管理委员会的委员，又是学院董事会的成员，所以有很好的机会在两方面斡旋，使得双方能够坐在一起交谈，最终达成了协议。按照协议，双方同意将房子转让给学院，后者负责偿还债务，并且必须永远保留一个大厅供临时布道之用——这也是当初建造这所房子的初衷；同时开办一所免费学校，使穷苦人家的孩子能够接受教育。

商量好以后就签订了协议，学院方面接管了房产，同时负责偿还债务。我们把这个高大的会堂分为上下两个部分，隔开的各个房间都成了教室。此外，学院还新买了一些地基，各方面很快就达到了教学的需要，学生也随之进入了学校。与工人打交道，购买材料以及督促工作等各种繁杂事务，全部都落在我的身上，对此我也乐于承担，因为这并不影响我自己的印刷业务。一年之前我找到一个合伙人，名叫戴维·霍尔，朴实、能干而且勤劳，已经为我工作4年了，我对他的为人也很了解。因此，我将印刷所里的全部事务都交由他负责，他只要按时付给我应得的红利就行。我们一起合作了 18 年。

事后没多久，总督给学院下达特许令，学院就成了一个法人组织。英国的捐款使得学院的资金大大增加，学院的面积也因领主的捐赠而扩大，后来议会也给学员投入大量的经费，这样就成立了现在的宾夕法尼亚大学。学院已经创办近 40 年了，我一直是董事会的成员。我深感欣慰的是，能够看到很多年轻人在这里接受教育，增长才干，成为杰出的人才，服务人民，为国争光。

我在前面曾经提到过，从印刷所的事务中脱身以后，我自认为虽然算不上富有，但所积累的财产却足以令我安度余生了。我要在以后的人生中研究哲学，享受休闲的乐趣。

斯宾塞博士曾经从英国来这里讲过学，我把他全部的实验仪器都买了下来。我怀着浓厚的兴趣做着电学方面的实验，但人们都认为我是个闲人，所以不仅公众要让我为他们办事，政府的各个部门也在同一时期对我委以重任：总督要我到治安委员会工作；市总会选举我为市议会议员；不久又选举我为市参议员。市民要我代表他们的利益，选举我为州议会议员——这个位子对我来说很合适。我做过议会的秘书，对于自己在他们争论时只能坐在一旁听而不能介入已经感到非常厌恶，常常在无聊之中乱涂乱画，或者是干些别的事情来解闷。我相信自己成为议员以后就有更多的权力去做好事了。但是我对这些提升并非毫不动心，其中还是有一些得意之情的，这一点我并不想讳言。因为我出身卑微，这样的提升对我来说毕竟是大事。尤其令我感到高兴的是，我凭借的不是投机钻营，而是公众的普遍信赖。

在治安工作方面，我出了几次庭，听别人审理案件，作为治安官也尽了自己的绵薄之力。不过，我现有的普通法律知识还不能使我胜任这份光荣的工作，因此我找借口渐渐脱身，说我在议会里有更重要的立法工作要做。我连续十年都被选为议员，从未向选民拉过票，也没有直接或者间接地表达我想当选的愿望。我儿子在我当议员期间被任命为州议会的秘书。

第二年，我们要与印第安人在卡莱尔举行谈判，总督给议会发来文件，建议议会指派几位议员和几名参事组成一个谈判代表团。议会就指派了我和议长诺里斯先生，于是，我们奉命前往卡莱尔，并在那里会见了印第安人。

那些印第安人嗜酒如命，而且喝了就醉，醉酒之后，吵吵闹闹，争论不休，因此我们严禁卖酒给他们，他们对这个禁令怨声不断。我们就解释说：在签约期间不喝酒能够保持清醒的头脑，等办完公事以后，我们会给他们大量的朗姆酒。他们答应并且遵守了诺言，因为没有酒喝，签订条约的事情进展得十分顺利，结果双方都很满意。后来他们要朗姆酒，我们也恪守了承诺。这是下午发生的事情。当时他们大约有 100 人，男女老少一起在城外临时搭建的四方形草棚里居住。

到了晚上，听到他们那里大吵大闹，我们就出去看个究竟。只见他们在广场中间燃起熊熊的大火，无论男女个个都喝得大醉，吵闹声和厮打声混作一团；黝黑的身子半裸着，在隐约的火光中依稀可见。他们手里拿着火把，相互追逐和厮打，同时发出令人恐怖的吼叫，看到这一切我们的眼前仿佛出现了梦里的地狱。眼看这样子一时之间也难以平息，我们就回到了住所。到了半夜，他们有许多人跑到我们门前，拼命地敲打我们的门，还要朗姆酒，我们没有理睬。

第二天，他们意识到那样骚扰我们是不对的，就派了三位年长的族人来道歉。其中一个善于辞令的长者承认了错误，但却把错误归咎于朗姆酒，接着又为朗姆酒辩解说："伟大的圣灵创造了万物，凡创造之物皆有用途。无论作什么用途，就应该永远按照其宗旨来使用。现在圣灵创造了朗姆酒，他说'让印第安人一醉方休吧'，我们只得照办。"

的确，如果上帝要想把土著人消灭干净，为殖民者腾出地方来，指定的手段似乎就是使用朗姆酒。那些昔日住在海边的部落，如今早已全部被毁灭。

1751 年，我的一位好友托马斯•邦德医生打算在费城创办一所医院（这是一个造福于人的计划，人们都以为是我的功劳，事实上首倡者是他），用于接收和治疗那些穷苦的病人，而不论他们是来自本州还是外地。他为此积极募捐，虽然热情满满，但是在美洲这毕竟是个新鲜事物，人们并不理解，因此成效不大。

他后来找到我，还说了些客气的话。"我发现，没有你的参与，任何公益事业都很难办成。”“我找到了一些募捐者，”他说，“他们常常问我：这件事情你和富兰克林商量了没有？他有什么看法？我对他们说，还没有呢（因为我考虑到这样的事情不是你所擅长的）。听我这样说了以后，他们就不肯募捐，只是说要回去考虑。”我向他详细询问了这项计划的性质以及可能产生的效益，他向我做了非常满意的解释。我不仅自己捐了款，还热心地为他谋划如何向其他人募捐。不过在发动捐款之前，我需要在报纸上撰写文章，就这件事向人们制造一些舆论——我对待这类事情习惯于这样处理，而他却忽略了这一点。

经过我们一番准备之后，人们纷纷慷慨解囊，但没过多久又淡漠下来。我找到了其中的原因：要想筹集到足够的款子，没有议会的支持是很难办到的。我向议会提出了申请，议会也表示赞同。起初，一些来自乡间的议员并不同意这个计划，他们认为设立医院只对城里人有利，因此费用应该由市民承担；此外，他们怀疑城里人是否也普遍赞成这个计划。跟他们的看法相反，我觉得这个计划会受到市民的欢迎，他们会自愿捐款，筹集2000英镑根本不是问题。他们则认为我估计得过高了，不可能实现。

我就这种情况想出了一个办法：请求议会通过一项议案，即按照捐款人的要求组成一个社团，给予数目不定的基金，这样做的目的是，议会如果不同意就可以否决。在草拟议案时，我附加了一项重要的条款：“经本议会决定，该项捐款人必须开会选出经理和财务主管，并集资到若干基金（该基金的年利息用于在该医院就诊的病人，支付食宿、护理、治疗以及医药等方面的费用）。此时，如果议长对筹集的资金感到满意，则该议长应视这项提案为合法，并签发命令，通知州金库支付2000英镑。该款分两次付清，用于医院的创办、建筑和装修。”

议案里加了这一条以后便获得了通过，原因在于那些原先反对拨款的议员现在认识到他们分文不出就可以获得关心慈善事业的美名，就投了赞同票。在募捐时，我们强调了议案中有条件的承诺，每个捐款者获得的将是捐赠的两倍，这也为人们捐赠提供了一种动力。这样，附加的条款就起到了两方面作用：一方面，捐款的数额很快就超过了需要的数额；另一方面，上报议会并得到拨款使计划得以顺利实施。一座漂亮而舒适的大楼很快就建成了。长期的经验也证明，这座医院确实发挥了应有的作用，到目前为止依然很兴旺。我这一生所谋划并取得成功的事例中，没有哪一件能像这件事情这样让我感到如此愉快。现在回想起自己当时使用的一些小手段，也就更容易原谅自己了。

大约就在这时，吉尔伯特•坦南特来找我，要求我支持他募集资金，建造一所新的教堂供长老会教徒（这些教徒原来都是怀特菲尔德先生的门徒）聚会之用。我不想过多地搞募捐活动，担心会引起市民的反感，因此我拒绝了他。接着，他希望我能根据自己的募捐经验为他列出那些常会慷慨解囊、热心公共事业的人的名单。我想，那些人当初曾好心地帮我募捐，现在我又让他们受到其他恳请者的纠缠，这样做实在是不仁义，因此我也拒绝了。后来他希望我至少帮他出出主意，这次我答应了。

“出主意我倒愿意，”我说，“首先，建议你去找那些你认为愿意捐款的人；其次，找那些你不能确定是否捐款的人，并且让他们看看已经捐款者的名单；最后，对于那些你认为肯定不会捐款的人也不要忽略，因为你对他们中的有些人可能做出了错误的判断。”他满心欢喜地对我表示感谢，说会采纳我的建议。他确实按照我说的做了，去恳请每一个人，结果所得款项超过了估计。他用这笔钱建造了一座宽敞典雅的教堂，这座教堂如今仍然耸立在拱门大街。

虽然从表面看来，我们这座城市既整齐又美观，街道宽阔笔直且成十字形纵横交错，但是这些街道年久失修，显得非常破旧；下雨天，载重的车轮压在路面上，泥泞不堪，很难通行；天气干燥的时候，又是尘土飞扬。我住在泽西街，亲眼目睹了居民购买日用品时在污泥中行走的情景，心里难过极了。市场中心地带有一段用狭长砖块铺成的路面，人们一旦走到那里脚步就很踏实，可是因为市场外面泥泞，鞋面上仍旧沾满了泥土。我就这个问题向人们谈论过，也写过文章讨论，最后起了点作用，住宅前的街道两旁铺上了砖，一直通向市场。这样行人步行去市场就比较方便，而且鞋子不会被弄湿。但是街道的其他地方并没有铺砖，每当马车从烂泥地行到这里时，所带的泥土掉下来，又使得石条道变成烂泥滩，当时城市里还没有清洁工，所以这些泥土根本没有人处理。

我做了一些调查，找到一个勤劳的穷人，他愿意做街道的清洁工作，同意一个星期打扫两次，清除掉各家各户门前的泥土，要求每户每个月付 6 个便士。我撰写并印行了一份传单，指出每户只需要出少量的钱，街坊邻里就可以得到这样的好处：脚下带的泥土减少，保持家庭的清洁就更加容易；商店里的顾客也有所增加，因为人们去商店比较方便；还有就是，在刮风的日子里货物架子上也没有什么灰尘，等等。我把传单送到了各户人家，隔一两天就去看看，问他们是否愿意签约付出 6 个便士，结果大家普遍表示同意签约。很快大家就见到了成效。城里的居民看到市场周围的街道干干净净，都感到很方便，个个心情愉快。在这之后他们普遍要求将所有街道整修，并且乐意缴纳税款以用做给所有街道都铺上石砖之资。

时隔不久，我向议会提出了一个议案：铺筑城市的全部街道。这时正值 1757 年我准备去英国之际。我走了以后议案才获得通过，评估税额的方式出现了些许变动，对于这个变动我并不看好。但是在铺路问题上增加了设路灯的条款，这可以说是个很大的改进。一位已故市民约翰•克利夫顿先生在自家门口挂了一盏灯，以实例显示了安装路灯的效用。人们因而第一次想到要给全城安装路灯。有人将这项公益事业归功于我，其实应该归功于克利夫顿先生。我不过是仿效他，在改进路灯的形状方面动了动脑筋而已。我们的路灯与原先从伦敦购买的灯的形状有所不同，伦敦那种灯是球形状，我觉得有几个不便之处：灯的下面不通空气，因此烟雾不能随时从上面排出，而是停留在球里面旋转，很快就影响了灯的亮度；还有就是每天擦灯罩的麻烦，稍不留神损坏了某个地方，整个灯就报废了。鉴于此，我提议用4块平玻璃做灯罩，上面安置一个长烟囱排烟；下面留出缝隙让空气流通，烟雾容易从上面排出。这样可以保持灯内的清洁，而且灯的亮度还不减，不至于像伦敦的灯那样在几个小时之内就显得暗淡。即使一不小心碰撞一下，打碎的只是4块玻璃中的一块，更换起来也很容易。

令我感到奇怪的是，沃克斯霍尔那里的球形灯下面有底孔，在保持灯的清洁方面效果明显，伦敦人为什么没有从这里得到启发，也在他们街道的路灯上开底孔呢？不过，这些小洞却另有用处，那就是用一小片麻穿插这些洞，使得火焰能够迅速通到灯芯。对于流通空气等其他的作用，他们似乎从来没有想到过。因而伦敦街道上的灯光在点燃几个小时以后就明显暗淡下来。

这些改良措施令我想起一件往事。那就是我在伦敦时曾经向福瑟吉尔博士提过一个建议。福瑟吉尔博士是我所认识的人当中非常杰出的一位，同样十分热衷于公益事业。据我观察，晴天时街道从来没有人打扫，灰尘也不清除，时间一长就堆积了很多；到了雨天，灰尘就成为泥浆；再过几天泥浆越堆越深，最终使得人们无路可走，只有穷人用扫帚扫过的清洁小道可以通行。因此，道路的清洁要花费很大的力气，先要把泥土聚拢在一起，装进敞开的车上；车子行走时一颠簸，污泥又撒落到地下，道路两旁就遭了殃，有时候还令行人很烦恼。之所以没有人清理道路上的尘土，理由竟然是说清扫道路时，尘土飞扬，会飘进商店和住户的家里。

我从一件偶然的事中得到启示，才知道清扫工作并不一定要花很多的时间。我当时住在克莱文街上。有一天早上，我发现家门口有一个穷苦的妇人正拿着桦木扫帚为我扫清道路。她面色苍白，身体虚弱，好像大病初愈。我问她是谁雇用她在那里扫地，她回答说："没有人雇用我，我只是家里穷，日子很苦，在有身份人家门口扫地，指望能够得到一点赏赐。"我对她说："你把这条大街扫干净，我就给你 1 个先令。"这时候是 9 点钟，到了 12 点她来要钱。一开始，我看她扫得很慢，没想到这么短的时间就把整个街道打扫干净了。我叫仆人去查看，他回来报告说，街道打扫得很干净，灰尘都被扫进了路中间的阴沟里；下雨时全部都会被冲走，不仅路面，甚至阴沟都被冲得很干净。

那时，我就在想，一个体弱的妇人花了 3 个小时就能够清扫一条街道，那么对于身强力壮的汉子来说也许只需要一个半小时就能够清扫完毕。在此我要补充说明一点：街道这么狭窄，与其在道路两旁各修一条沟，倒不如只在路中间修一条沟，因为落在街道上的雨水都从两边流到中间，汇集成比较大的水流，足够冲走迎面的泥土；如果水分两路，两边冲刷的水势就会减弱，使得迎面的灰尘潮湿而化作稀泥；车轮和马蹄会溅得人行道上到处都是泥迹，有时候还会溅到行人的身上。下面是我向福瑟吉尔博士提出的建议：

为了能够采取有效的办法保持伦敦和威斯敏斯特大街的清洁，建议雇用几个清洁工，在晴天负责打扫清理灰尘，潮湿的天气铲除污泥，每人负责几条街道和附近的几条小巷。为方便他们工作，应该发给他们扫帚和其他相关的清洁工具，让他们分别保存在固定的地方，以备雇用穷苦人之用。

在干旱的夏季，应该在商店和住户开门之前，把泥土清扫并堆积起来，每堆垃圾之间应当保持适当的距离，然后由清洁工装进封闭的车上运走。

车轮或者马蹄不得在堆积起来的泥土上面践踏，以免泥土再次飞溅；配置的清洁车的车身，不能高放在车轮之上，而应低置于滑轴上。滑轴的底盘应该为格子形状，还要在上面覆盖稻草，因为污泥中占主要重量的是水分，这样做就可以令泥水渗透下去。马车放置的地方与泥土堆积处应该保持适当的距离。用手推车把泥土运送到马车那里，等泥土的水分沥干后，再用马车把泥土运走。

对这份建议书后面一部分的可行性我表示怀疑，因为有些街道十分狭窄，要找个合适的地方停放沥水车真的很难。不过我仍然认为，建议书的前面部分，即要求在商店开门之前将灰尘清除，这在夏天完全可以行得通，因为夏天昼长夜短。比如，有一天早上7点钟，我经过河滨街与舰队街，虽然天已经大亮，太阳已经升起3个小时，并没有看到一家商店开门。伦敦的居民喜欢在太阳底下睡觉，在夜晚的烛光下生活，但是他们却常常抱怨油价太贵、蜡烛税太高，这似乎有点匪夷所思。

或许有些人认为，这些都只是小事，不必放在心上。大风天里，当尘土随风吹入人的眼睛或者进入商店后，也姑且可以视作小事。但请想一想：在人口众多的城市里，经常发生上述情况就不能说是小事了。有人说这样的事情看起来无足轻重但不能掉以轻心，别人恐怕也不会去责难他。人类并不是依靠老天突然的恩赐获得幸福的，而是凭借日常生活的点滴利益积累而成。如果你能教会一个穷人修面，并且可以将剃刀保存好，比起送给他1000个几尼更能够使他生活幸福。也许他很快就会把你给他的钱用光，留下的只会是愚蠢花钱后的悔意。可是前者就不同了，他避免了常常等待理发的烦恼，不用再忍受理发师那双不干净的手、难闻的气息以及迟钝的剃刀了。他可以自己修面，不受时间的限制，还能天天享受用锋利的剃刀刮胡子的乐趣。我怀着这样的感情，冒昧地提出了以上一些建议，希望能给我们这个城市一些有益的启示。我非常热爱这座城市，在这里生活的这些年都过得很愉快；同时我也希望，美洲的一些城镇也能从我的建议中获得一些有用的启示。

美洲邮政局长曾经有一段时间聘用我当审计员，要我负责审查几个分局并调查一些邮政职员。1753 年这位局长去世，英国邮政总局局长任命我和威廉•亨特先生共同继任这位美洲邮政局长的职务。美洲邮政局从来不向英国邮政总局上缴利润，因此，如果我们的邮局能够赢利 600 英镑，这笔钱就可以作为我们的年薪，由我们两人共同分享。要实现这个愿望，就必须采取各种改进措施，而有些措施在开始实施时免不了要有花费。因此在开始的 4 年里，邮政局拖欠了我们 900 多英镑，但是很快就补发给了我们。后来，英国内阁无缘无故地撤了我的职（这件事我以后还要提到），在这之前我们邮政局上缴给英国的纯利润是爱尔兰邮政局上缴的 3 倍。他们这样轻率地革去我的职务后，邮政局连一分钱也没有上缴过。

邮政局的工作使我在这一年里有了一次去新英格兰旅游的机会。那里的剑桥大学主动授予了我文学硕士学位；以前康涅狄格州的耶鲁大学也给过我类似的荣誉。因此，尽管我没有读过大学，但却得到了如此殊荣。他们之所以这样做，是因为考虑到我在电学方面的改进和发明。

1754 年，又要与法国交战了。商务大臣给各个殖民地下达命令，让他们派代表去纽约州州府奥尔巴尼举行会议，与印第安人 6 个部落的首领共同商讨如何保卫各自的疆土。汉密尔顿总督一接到命令就通知议会，并且让他们给印第安人准备适当的礼品。他还提出了参加会议的宾夕法尼亚州代表的人选：有议长诺里斯先生、我以及托马斯•佩恩和秘书彼得先生。议会通过了总督的提名，也准备好了礼品。尽管我们并不是很愿意去本州以外的地方商谈，但还是于6月中旬在奥尔巴尼跟其他代表碰了面。

我在去参加会议的途中拟订了一个计划，希望把各个殖民地联合起来，由一个政府来领导，这对于防卫以及决定其他重要事务都十分必要。经过纽约时，我把草拟的计划拿给詹姆斯·亚历山大先生和肯尼迪先生过目——这两位先生对于公共事务都有着渊博的知识。我得到了他们的赞赏和鼓励，这让我有勇气把计划提交到国会。当时好像有其他代表也制订了类似的计划。摆在大家面前的首要问题是：究竟是否应该建立一个联邦？与会者的意见是一致的，都予以肯定。随后，大会成立了一个委员会，每个殖民地派一名代表参加，共同讨论成立联邦的计划并向大会做报告。很凑巧的是，我的计划正好被选中了，稍加修改之后便提交给大会讨论。

按照我计划中的设想，要由英国国王任命一名大总督，然后再由大总督来治理一个联邦政府。各个殖民地的代表在各自议会里选举成立联邦参政会。与会的代表们天天就这个问题进行讨论，同时也讨论了相关的印第安人的一些事务。尽管反对意见很多，困难重重，但是所有的障碍最终都被扫清了，计划获得一致认同。计划的副本分别送到商务大臣和各州的议会。然而事情总是一波三折：各个州的议会不赞成这项计划，他们都认为联邦政府享有的特权太多；而英国方面则认为，联邦政府过于民主。

商务大臣不同意，自然也就不会上报给英国国王以请求批准。但是有人提出了另外一个计划，认为与前一个计划相比能更好地达到同样的目的。按照这个计划，各州总督和部分参政会成员需要在一起商讨招募军队、建筑堡垒等事宜，所需费用先由英国国库支付，然后英国议会通过一项在美洲征税的法案，用税收来偿还。我当时提出的计划以及陈述的理由都收藏在自己已经出版的论文集里。

在波士顿的那年冬天，我和雪利总督就两份计划详细交谈过，谈话的部分内容可能收在我的政治论文集里。对我的计划提出不同的或者是反对的意见，反而让我觉得，我那份计划真正做到了不偏不倚。我至今仍然认为，如果当时我的计划被采用，那么大洋两岸都能从中获得幸福。因为各个殖民地联合起来，就有足够的力量进行自我保护和防卫，英国也就没有必要派军队到美洲。如果真是那样，也就避免了日后因向美洲征税而发生的流血事件。不过犯这种错误也并不新鲜，历史上犯过此类错误的帝王将相简直是数不胜数。

环顾四海，
有几人能识得善己！
识得善己而奋起直追者又有几人！

对统治者来说，需要做的事情实在太多，他们通常不愿意自找麻烦去考虑或者实施新的计划。那些对大众最有利的措施，往往并非来自于智者的先见之明，而是形势所迫造成的结果。

宾夕法尼亚州总督将我的计划提交给议会，并且表示赞同该计划。他说："计划中的方案分析清楚，有理有据，值得重视和关注。"但是，在开会时，某个议员乘我缺席把计划拿出来讨论，在我看来这样做很不公平。他们没有给予丝毫的关注就草率地否决了，这使我受到了很大的伤害。

这一年，我去波士顿的途中，在纽约见到了新任总督莫里斯先生，他刚刚从英国回来，我们以前交往甚密。他奉命接替汉密尔顿先生，后者因大领主的种种指令经常发生争执，对此感到很厌恶，就辞职了。莫里斯先生问我，在他的任期内，是否也会像他的前任一样工作不称心呢？我回答说："不，你不会。恰好相反，只要你注意不要与议会发生争执，你会工作得很愉快的。"

"我亲爱的朋友，"他高兴地说，"你怎么能劝我不争论呢？你知道我就喜欢争论，那是我的一大乐趣。不过，为了表示对你的意见的尊重，我可以答应你，如果有可能避免的话，我尽量不去争论。"

他说他喜欢争论，并非完全没有理由。他能言善辩，才思敏捷，谈话中如果有辩论，他几乎都会取胜。他从小就受过这方面的教育，我曾听说，他父亲在晚饭后，常常让孩子们围坐在桌子旁边，喜欢听他们彼此争论，并以此作为消遣。不过我觉得，这种做法并不是一个明智之举。根据我的观察和体会，那些喜欢争论和爱与人辩驳的人，办起事来往往并不顺利。即使有时候胜利了，也从来不会得到别人的好感，而对他们来说这一点更有价值。我们彼此告别之后，他前往费城，我去波士顿。

在返回途中，我在纽约看到了议会的一些表决记录，从中不难看出：尽管他说要尊重我的意见，尽量不与人争论，但事实上他和议会之间很明显发生过激烈的争辩。他在任职期间一直和议会处于争论不休的境地。争论也牵涉到了我，因为我一回到议会，就奉命参加各种各样的委员会，对他的咨文和演说给予回应，委员会总是喜欢让我起草文稿。我们的回函往往和他的咨文一样尖酸刻薄；有时候简直不像样子，几乎到了谩骂的程度。他知道替议会写复文的人是我，或许在人们看来，我们两个一旦碰面，唇枪舌剑是在所难免的。但是他这个人生性善良，所以我们私下并没有因为这些争执而产生个人之间的嫌隙，还常常在一起吃饭。

一天下午，会场上出现过激烈的争论。后来我们在大街上相遇了。

“富兰克林，”他见面就说，“你一定得跟我回家，今天晚上就去我家吧，我家里有一些朋友，你一定喜欢。”

他说着就拉住我的胳膊，让我跟着他走。

晚饭以后，我们边喝酒边交谈，在一起相处得很愉快。他开玩笑说，他很赞赏桑乔·潘查的观点，当有人建议要给他一个政府时，他要求最好是治理黑人的政府。因为一旦他和民众的意见不一致，就可以把他们卖掉。

他的一位朋友坐在我身边，说道：“富兰克林，那帮教友会教徒简直该死，你为什么还要和他们搅和在一起？你干吗不把他们卖给领主，说不定还能卖个好价钱呢？”

“总督，”我说，“因为你还没有把他们涂得足够黑呢！”

在给议会的所有函件中，他的确极力往他们的脸上抹黑，可是只要他一涂上去，议会就会立即给抹掉，反过来涂到他自己的脸上。他发现自己好像被涂成了黑人。这时的他也像汉密尔顿先生一样，厌倦了与人争论，辞职不干了。

这些公务上的争执，其原因归根到底都在那些领主身上。他们是世袭的总督，防务上一旦需要拨款，他们就特别吝啬，简直到了难以置信的程度，竟然命令他们的代理人对于必要的征税法案一律不得放行，除非议案保证免予他们的巨额财产征税。他们甚至与代理人签订契约，迫使他们唯令是听。议会跟这些不正当行为的斗争坚持了 3 年，最终被迫屈服。后来莫里斯总督的继承者丹尼上尉大胆抵制这些指令。这件事情的详细情况我会在下文中提到。

对于事情的经过，我叙述得过于快了，事实上在莫里斯总督任职期间，还有一些事情是值得一提的。

从某种程度上来讲，殖民地与法国之间的战争已经打响了。马萨诸塞湾政府准备向克朗波因特发起进攻，并分别派遣昆西先生去宾夕法尼亚州、后来担任总督的波纳尔先生前往纽约请求支援。我是议员，对于议会的情况比较熟悉，而且还是昆西先生的老乡，因此他请求我运用我的影响力来帮他的忙。我向议会说明了他的陈词，大家都表示认可，投票赞成拨款10000英镑供购买粮草之用。但是总督不同意这个议案（议案中还包括一笔款项提供给英王使用），除非附加一条：免除领主应该缴纳的所有产业税。议会很想为新英格兰提供援助，但是不知道如何去做才能达成这个愿望。昆西先生竭力与总督周旋，想要争得他的同意，可是总督丝毫不让步。

在这种情况下，我想到一个可以不需要总督出面而事情照样能够办成的办法，那就是通过贷款处发行债券——依照法律，议会有权力这么做。贷款处当时的确没有多少存款，我建议发行的债券在一年内还清，年利息为5%。在我看来，这些债券发行后，购买粮草的钱就容易解决了。

议会几乎没有丝毫犹豫就同意了我的建议。债券很快印发，我也是负责签署和管理债券的委员会成员之一。收回债券的基金是全州纸币放贷的利息，再加上消费税的收入。人们都会知道，这笔钱用来支付债券的本息绰绰有余。因此，人们对债券产生了信誉，使得债券不仅可以购买粮食，而且可以通用。许多手头有闲钱的人，纷纷购买债券。因为他们认为债券握在手里，不但可以生利息，而且在任何时候都可以当钱来使用。几个星期之内债券就销售一空。按照我的办法，这件重要的事情终于完成了。昆西先生用一份文辞优美的备忘录表达了对议会的谢意。任务完成之后，他满心欢喜地回去了。从此以后，我们结成了很好的朋友。

英国政府并不同意在奥尔巴尼大会上提出的殖民地成立联邦政府的提议，而且也不愿意联邦拥有自己的防务力量，免得联邦因此在军事上过于强大，对自身造成威胁。他们对殖民地抱有怀疑和猜忌的心理，于是就派布雷德多克将军率领两个军团的英国正规军前往殖民地驻防。

部队在弗吉尼亚州的亚历山得里亚港登陆，从那里向马里兰州的弗立得里克镇进发，然后停在那里等待车马运送辎重。我们的议会听说这位将军对他们怀有很深的偏见，以为议会不欢迎他来从事防务。他们就希望我去拜访这位将军，要以邮政局长而不是议会代表的身份前往。拜访采用了这样的借口：与他商谈如何以最快捷、最准确的方式让他与几个州的总督之间取得通讯联系。他必然要与他们保持联系，这笔费用由议会来承担。去出这趟差的是我和我的儿子。

将军本人待在弗立得里克镇，而他已经派人前往马里兰州和弗吉尼亚州的边远地区征集车辆。我们见到他时，他正在焦急不安地等那些人回来。我在他那里住了几天，每天和他在一起吃饭，因此有足够的机会消除他对议会的种种偏见。我告诉他在他没有到达之前，议会实际上已经在为他的军事行动做工作了，而且还会一直做下去。

我们正准备起程返回的时候，他手下的人带着征集的车辆回来了，总共只有 25 辆，而且还不是每一辆都能用。将军和其他军官都感到非常意外，扬言这次远征到此为止，没有办法再继续下去。他们大骂政府官员无知，派他们到这个地方登陆，连运输工具都没有办法保障，而运输军粮、行李等至少需要 150 辆车。

我随口说了句，真可惜，他们没有在宾夕法尼亚州登陆，那里的农户家家都有马车。将军抓住我的话，急忙问道："既然如此，先生，你在那里是个有影响的人物，相信你一定有办法为我们筹集车辆吧，恳请你帮我们这个忙。"我问他，对提供车辆的主人有何回报，他要我把我所认为的必要条件都写下来。我照办了，他们也表示同意，并立即准备好委任状和告示书。我一到兰开斯特，就发布了通告，说明了提供车辆的主人会得到什么样的报酬。通告产生的效果非常明显，令人有点不可思议。以下是通告的全文：

通　告

兹因大英帝国国王陛下的军队将于维尔斯港集结，需调用运输马车 150 辆，每辆车需配 4 匹马，以及 1500 匹鞍马或者驮马。布雷德多克将军阁下特授权我与上述车马的主人就雇用事宜签订合同，并通告如下：

自即日起至下周三晚上，我将为此事而暂时待在兰开斯特；下周四早晨至周五晚上，我将待在约克办理此事。在上述两地，我将与出租车辆和马匹者签订契约，条件如下：

1.驭手驾车，备4匹良马，每日支付15先令；良马配有驮鞍或者其他马鞍和装备，每日支付两先令；每匹没有配马鞍的良马每日支付18便士。

2.马车与在维尔斯港的军队会合之后，即开始付租金；要确保在5月20日之前到达；在去维尔斯港和返回家的旅途中的所花费用，可以给予合理的补贴。

3.无论是马车和马队还是马鞍和驮鞍，均由我和主权人共同选定的公证人进行估价；上述财产如果在服务期间受到损失，均按照估价赔偿。

4.在契约签订期内，如果有必要，每辆车、每个车队或者每匹马可以由我预支7日租金给上述财产的主人；其余的部分，在运输结束或者必要时，将由布雷德多克将军或者军需官支出。

5.无论遇到何种情况，驭手或者照看马车的人都不承担士卒的责任，也不从事与照料车马无关的工作。

6.随车马运输进入军营的燕麦、玉米或者其他饲料，除了饲养马匹以外，多余的全部由部队给出合理的价格收购，供军队使用。

附注：我的儿子威廉•富兰克林同样被授予了权力，可以跟坎布兰的任何人签订合同。

本杰明·富兰克林

1755年4月26日于兰开斯特

致兰开斯特、约克以及坎布兰三郡居民书

乡亲们、朋友们：

我因为偶然的机会在弗立得里克镇的军营里暂住了几天，部队没有得到马匹和车辆，将军和军官们极其不满，希望能从我们这个州得到这些补给，因为本州最具备这个实力；可是总督和议会之间步调不一致，没有提供资金，也没有为此而采取其他措施。

有的人建议，派武装部队径直开进这些郡县，随心所欲地抢夺好车良马，根据需要强行抓人来驾车和看马。

如果英国士兵在这种情况下进驻各个郡县，特别是他们正在气头上，对我们抱着敌对的态度，我很担心他们会给我们的居民带来极大的不便。因此，我愿意不辞辛劳，或许可以找到公平合理的办法来解决这个问题。最近，边远郡县的老百姓对议会抱怨说，他们手头缺乏足够的现金；现在你们已经有机会可以得到和分享数目非常可观的现金了。因为这支远征军的作战任务如果继续下去，很有可能达到 120 天以上，那么雇用车辆和马匹的租金将高达 3000 英镑；而且支付这些费用的都是英王的金币和银币。

对你们来说，这个工作是件再容易不过的事情

了。部队每天的行程很少会超过12英里，车辆和马匹所运的东西都是部队必不可少的物资，所以要与部队同行，行军也不会太快；从部队自身的情况来看，他们无论是行军还是待在驻地，车马总是被安置在最安全的地方。

如果真的就如我所想的那样，你们是英王陛下善良而忠实的臣民，相信你们一定能接受这个可以接受的任务，也会很容易地完成。如果因为忙于耕种，一家不能单独提供车马和驭手，那就可以几家合作完成，例如，你家提供一两匹马，我家提供车，有一家提供驭手，将来按照各户的比例分配租金。如果现在给你们这么合理的条件和丰厚的报酬，你们都不肯自觉地为英王陛下和国家效力，那么你们的忠心就非常值得怀疑了。我们必须执行国王的命令。如此众多的军队千辛万苦来保卫你们，要求你们做一点自己该做的事情，而你们却采取拖延的态度，他们难道会对此无动于衷吗？车辆和马匹必须保证得到供应，否则可能会引起暴力事件。真要到了那个时候，你们是不会得到任何同情的，或许还会处于完全无助、不能自保的境地。

我对于这件事情没有任何私心，不过是想通过办这样辛苦的事来满足自己行善的愿望。如果这个办法行不通，仍然筹集不到车马，我只好在14日之内向将军报告。我想，为了筹集车马，约翰•圣克莱尔爵士会立即率领轻骑兵进入本州。真要是走到了这一步，我会深感遗憾，因为我是你们忠实的朋友，心中对你们毫无恶意，只有良好的祝愿。

本杰明·富兰克林

我将从将军那里收到的800英镑用做预付车辆、马匹以及其他方面的租金，但是这笔钱还不够，我自己另外垫付了200英镑。两个星期之后，就有150辆车和259匹驮马向军营进发。通告上已经做出承诺：车辆和马匹如果有丢失，要按照估价赔偿。但是那些车马的主人说，他们不了解布雷德多克将军，不知道他的承诺是否靠得住。他们坚持要我做契约的担保人，于是我答应了他们的要求。

在军营中的一天晚上，我和邓巴上校联队的军官们一起吃晚饭时，上校跟我说起他对自己属下的担忧。他说，他们原本大都不富裕，此处的物价又那么高，想买点东西都不行；而在以后的长途行军中，荒山野岭又没有什么东西可买。我也非常关心他们的处境，想帮他们排忧解难。不过我当时并没有将自己的想法说出来，而是在第二天早晨给议会中处理公款的委员会写了信，诚恳地希望他们考虑这些军官的实际困难，提议送给他们一些必要的生活用品以及食品。我儿子对军营的生活有一些体会，了解他们都需要些什么，因此拟了一份清单给我，我将这份清单也附在信中。

委员会对我的意见表示赞同，并且很努力地为军官们解决困难。在我儿子的带领下，像募集的车辆一样把赠送的物品快速地运到了军营。

这些物品总共有20袋，每只袋子装有：

块状糖6磅

优质黑砂糖6磅

优质武夷茶1磅

优质绿茶1磅

上等咖啡6磅

巧克力6磅

一级白饼干半英担

胡椒半磅

一级白醋1夸脱

格洛斯特硬干酪1方

上等黄油20磅

牙买加酒两加仑

陈年马德拉葡萄酒两打

芥末粉1瓶

精制火腿两只

腌舌半打

葡萄干6磅

米6磅

这 20 袋食品被包装好之后，放在 20 辆马车上，即一辆马车运送一袋，都作为礼物分别送给 20 位军官。他们非常感激地收下了礼物，两个联队的校官都给我来信表示感谢，文辞极为诚恳。另外，布雷德多克将军对我征集车辆等方面的工作也十分满意，立即付清了我所垫付的款子，一再表示谢意，请求我继续向他们提供支持，从后方运送补给。我也同意了，一直为此事而忙碌，直到听到他们战败的消息为止。我在为他们运送物资的过程中，垫付的款子达到 1000 英镑以上，我把账目的清单送给了他。幸运的是，他收到清单以后，在战役开始的前几天，立即给我回了信，并且附上了军需处开出的支票，整整 1000 英镑，零头部分记在下次账目里。我认为自己能够收到这 1000英镑已经很幸运了，那笔零头并没有指望得到。对于此事，我以后还会提到。

在我的印象中，布雷德多克将军是个勇敢的军人，在欧洲的一些战场上，他可以算得上是一个优秀的指挥官。但是他过于自信，高估了常备军的作战能力，而对美洲和印第安人的军队又估计过低。担任印第安语翻译的乔治·克罗根和 100 名印第安人一起加入了他的部队，如果他能善待这些人，让他们做向导、侦探等，那么他们会给部队带来很大的好处。可他瞧不起他们，轻视他们，他们也就渐渐离开了他。

有一天，他在和我谈话时，说起了自己的行军计划。“拿下杜昆斯要塞以后，”他说，“我就直取尼亚加拉；拿下之后，如果天气允许的话，就进攻弗伦特纳克；我想上述计划不会有问题，因为杜昆斯要塞的抵挡不会超过三四天；接着再向尼亚加拉进军，我看就所向披靡、锐不可当了。”我却认为，部队在狭窄的道路上行进，要穿过树林和丛林就一定会拉得很长；此外，我以前曾经看到过有关报道，1500名法国士兵，在易洛魁战争[1]中惨遭失败。因此，对于他的作战计划我表示怀疑和担心。

“当然了，将军阁下，”我只好这样说，“你不仅拥有这些优良的部队，还拥有精良的大炮设备。此外，杜昆斯要塞的防御也并非固若金汤，我还听说守军并不强大，他们的抵抗不过是短暂的。不过，我唯一担心的是印第安人设埋伏。他们拥有长期作战的经验，行动敏捷而且善于部署。你们的部队是长长的蛇阵，前后绵延将近4英里，彼此之间拉开了距离，就不能及时地互相照应，这样就很容易受到来自两翼的突袭，而部队就会像一根线一样被隔断，四分五裂。”

他觉得我很无知，面带微笑地回答说：“对你们没有经过训练的美洲兵来说，这些野蛮人的确可以称得上是难以抵挡的强敌，可是皇家的正规军部队训练有素，先生，他们是不可能有好果子吃的。”我深知自己与一名职业军人争辩军事问题有点不大合适，也就没再说什么。不过，我所担心的长蛇阵和两翼暴

[1] 易洛魁战争(Iroquois wars)，易洛魁联盟于17世纪下半叶在圣劳伦斯河流与法国发生的一系列冲突。

露会遭遇突袭的问题，敌人倒没有运用，而是让他们毫无阻碍地前进。在距离目的地 9 英里的地方，部队稍微集中了一些（部队刚刚过了河，先头部队在等待后面的部队过河），所处的地方比在丛林里要开阔得多。敌人在丛林后面以猛烈的炮火对先头部队发动了进攻，这时将军才开始意识到附近有敌人。

先头部队秩序大乱，将军急忙指挥大部队向前奋力抵抗，但是穿过车辆、行李和牲口，部队已经全乱了。这时敌人从侧面发起进攻。军官们因为骑在马上，所以很容易遭到袭击，最后纷纷被击倒；士兵们挤作一团，无法得到上级的命令，只能坐以待毙；结果 2/3 的将士阵亡，其余的士兵不知如何是好，全都逃跑了。

驭手从车队里卸下一匹马，纵身跳上就跑；别的人也跟着仿效。这样一来，所有的车辆、粮食、大炮和其他军需都留给了敌人。将军自己受了伤，他的秘书雪利先生也阵亡了，就是在他的身边倒下的；84 名军官中有 63 人伤亡；1100 名士兵有 714 人丧生。这 1100 名士兵都是从全军中挑选出的精英；其余的部队由邓巴上校指挥断后，押送部队的大部分粮食、行李和军需。

逃跑的士兵未遭到追击，他们到达了邓巴的军营，可是他们惊恐的情绪立即影响了上校和所有其他的士兵；虽然邓巴现在有 1000 多名士兵，而击败布雷德多克将军的敌人——印第安人和法国人——加在一起至多不过 400 人。可是这位上校并没有指挥部队前进以一雪前耻，而是下令销毁所有的军需辎重，以为这样可以保留更多的马匹，以便向居住地逃跑时减轻负荷。当时弗吉尼亚、马里兰和宾夕法尼亚州的总督都请求他把部队驻扎在边境以保护当地的居民，但他继续出逃，一直逃到费城才觉得安全了，因为那里的老百姓会保护他们。这次战争使得美洲人开始思考：英国常规军的勇敢是深受我们尊重的，可是这种尊重究竟还能否靠得住呢？

从初次登陆到到达居民居住区的途中，英国军队肆意掠夺居民的财产，使得老百姓的生活苦不堪言，居民一有抱怨，他们就加以侮辱、谩骂和虐待，横行霸道。即使我们真的需要保护，我们也不需要这样的保护者，上述理由难道还不够吗？

我们法国朋友的军队于1781年从罗德岛开到弗吉尼亚州，行军约700英里，经过了本州的大部分居民居住区，可是从来没有老百姓抱怨说少了一头猪，丢了一只鸡，甚至是一个苹果。我们的英国军队简直无法和他们相比。

将军有一位叫奥姆的上校副官，他的伤势严重，和将军一起被救了出来，一直和将军待在一起，直到几天后将军去世。上校告诉我，第一天将军很沉默，到了晚上才说："谁能想到会是这样的结局呢？"第二天他依然保持沉默，最后终于说："下次我们应该就知道怎样去对付他们了。"话说完，没过几分钟就死了。

那些被秘书保管的文件，包括将军所有的指令和信札都落入了敌人的手中。他们选择了一部分翻译成法语，并且刊行公布以证明英国在宣战之前就已经怀有敌意了。我在那些公文中看到过将军给内阁的一些信笺，对我为部队所做的大量工作给予了很高的评价，建议他们对我多多重视。戴维·休谟（几年以后担任法国大使赫特福德勋爵的秘书，后来在康韦将军任国务大臣期间担任秘书）也对我说，他在办公室里看到过布雷德多克将军的那些信笺，信中极力举荐我。不过，远征军既然已经遭遇了不幸，我所做的工作也就失去了意义，因为那些举荐对我从未起过任何作用。

将军对我的酬谢，我曾经提过一次，那就是我请他给他的军官们下令，让他们不要再招募我们已经买下的奴仆，已经招募的要让他们解除。他对此欣然同意。后来有几个奴仆回到了他们各自的主人那里。而邓巴掌握权力后就没有那么慷慨了。他逃到费城时，我曾经请求他释放在兰开斯特招募的3个贫苦农民的奴仆，还提醒他布雷德多克将军曾下过这样的命令。他向我许诺，如果那几个主人愿意到特伦顿见他（他几天后率领大军去纽约会经过那里），他就放人。那几个主人千辛万苦到了特伦顿，可他却拒绝兑现承诺。这令那几个主人蒙受了很大的损失，最终只落得个灰心丧气，劳而无获。

车马主人听到车辆和马匹丢失的消息后都拥到了我这里，要求我按照契约的估价赔偿他们，这件事情给我带来了很大的麻烦。我告诉他们，钱已经到了军需官那里，但必须要有雪利将军的命令才能赔偿。我还向他们保证，我已经给那位将军写了信，但因为路途遥远，还没有收到回信，请他们一定要耐心等待。可是他们并不满意我所说的，甚至有人开始起诉我。这时，雪利将军终于派了几个特派员来调查车马主人提出的赔偿要求，并下达了赔偿的命令，才使我摆脱了困境。否则这高达20000英镑的赔款要是由我来付，我非破产不可。

在我们没有得到战败的消息之前，就已经有两位姓邦德的医生来到我这里了。他们随身带有募捐册，正在为燃放烟火筹集经费，声称等到杜昆斯要塞一攻克就燃放烟火来庆祝。我非常严肃地告诉他们我的看法：如果确实有庆祝的机会，到时会有足够的时间来准备这些活动。我对他们的建议并没有立刻表示认可，这似乎令他们感到很意外。

“为什么？”其中一位问道，“难道你能断定要塞攻克不了吗？”

“能不能攻克得了，我不能妄下结论。但我知道，战场上的情况总是瞬息万变的。”我向他们解释了我怀疑的理由。募捐的事就这样被搁置下来，也就避免了募捐者可能面临的一场难堪——如果他们真的准备了庆祝用的烟花的话。后来，邦德医生在其他场合声称他不喜欢富兰克林的先见之明。

在布雷德多克将军战败之前，莫里斯总督不断向议会发咨文，想要促使议会通过法案来为保卫本州拨款，但不向领主征税。凡是议会送来的法案，若没有免收领主税的条款都被一概拒绝。当下军务紧急，拨款势在必行，不容耽搁。他以为对议会加倍施压，成功的希望就会越大。可他万万没想到的是，议会的态度很坚决。他们认为正义在他们这边，如果他们对总督妥协而去修改拨款议案，那就是在放弃基本的权利。最后，有一项议案同意拨款 50000 英镑，该议案的原文是这样的：

> 无论是动产还是不动产，都一律纳税，领主也不例外。

总督建议修改的只有一个字，但这个字却事关重大，那就是，把原文的“不”字改为“可”字。我们很认真地把议会致总督的全部公文都函告了英国朋友。他们在听到议会战败的消息后，纷纷指责领主不能仗义疏财，给总督做出了那样的训令也很不够公道。有的人甚至扬言：他们既然妨碍了本州的防务，也就没有权利得到保护。领主们遭到恐吓，就给财政主管下令：无论议会通过多少防务费，都另加 5000 英镑。

得到领主的通知后，议会表示接受，并且把这笔追加费当作他们的总税收，同时提出了一项新的议案，附带有免税条款。该议案也随之获得通过。按照该议案，我被任命为委员会成员之一，处理 50000 英镑的拨款。我在该议案的起草和形成过程中态度很积极。此外，我还起草了建立和训练志愿民兵的提案，在议会中很容易就获得了通过，因为我注意到了给教友会的教徒自由。为了组建民兵，我们需要成立一个筹备委员会，为此我特意写了一篇对话，陈述并回答了人们对这件事情可能会提出的一切反对意见。像我所想的那样，这篇对话发表后产生了很大影响。

就在城乡组建好民兵组织并且已经在进行训练的时候，总督要我去负责西北边界防务，因为那一带常常有敌人来骚扰。为保护居民，必须在那里组建军队，建筑要塞。我自认为这样的工作我不能胜任，但还是接受了。总督授予了我全权的委任状，还有许多空白的军官委任状，让我颁发给认为适合的人。人员征募并没有遇到多大困难，很快就召集到560人，由我来负责指挥。上次在与加拿大的战争中，我儿子就是部队中的一名军官，现如今担任了我的副官，给了我很大的帮助。

纳登赫特村庄是摩拉维亚教徒居住的地方，印第安人焚烧了这个村子，并且屠杀了居民。不过在那里建立要塞却是个不错的位置。

为了向边界进军，我把部队聚集在摩拉维亚教徒的居住地伯利恒。令我感到意外的是，这里的防御工作做得很好。纳登赫特村庄被焚毁，因此这里的人感到了极大的恐惧。这里的主要建筑周围都有围栏保护，他们还从纽约购买了许多武器和弹药；在高大的石砌房子窗户之间，他们甚至放置了很多小的铺路石——一旦印第安人入侵，妇女们也可以用石头攻击对方的脑袋。村庄里的弟兄们也武装起来，轮流防守，他们的纪律和城镇驻军一样，极为严格。在和斯潘根贝格主教的谈话中，我说出了对该村庄防御的惊讶之感，因为我知道议会曾经有法案提出免除他们在殖民地服兵役的义务。我原以为他们会认真执行这个法案，不会自行武装起来。他是这样回答我的：不服兵役并不是他们的既定原则，只是在得知那项法案后，他们中的许多人才将之视为一项原则。可是在目前的情况下，只有极少数人遵守那项原则，这让他感到很意外。这样看来，他们或者欺骗了自己，或者欺骗了议会。不过，理智一旦与眼前的危险相结合，有时可能会胜过其他任何想法。

我们于1月初开始修筑要塞。我派了一支小分队前往米尼辛克，命令他们在那里的上沿地区建筑一个要塞用以防卫；与此同时，还派遣了另外一支小分队在下沿地区也建筑一个要塞。我带领其余的人去纳登赫特村庄修建要塞。那里的摩拉维亚教徒准备了5辆马车，帮助我们运输工具、军需以及行李等等。

就在我正要离开伯利恒时，忽然有11个农夫来向我报告说，印第安人把他们赶出了农场。他们请求发给武器，回去还有可能把牲口夺回来。我给他们一人一支枪，还配给了适量的弹药。我们行军没走多远，天就开始下雨，而且一整天下个不停。路边没有人家，我们找不到地方避雨，直到傍晚的时候才在一个德国人家里住下来，大家一个个像落汤鸡似的一起挤着住在库房里。还好我们在行军途中没有遭到袭击，因为我们的武器非常普通，况且士兵们不知该如何保管枪支以免于受潮。印第安人在这方面很有经验，而我们则不行。那天他们碰到了那11个农夫，杀害了10个。幸存的那个农夫报告说，他和伙伴的枪都开不了火，主要的原因就在于火药淋雨受潮了。

第二天，天晴了，我们继续行进，来到了荒凉的纳登赫特村庄，在它附近有一家锯木场，周围堆放了一些木板。天气寒冷，我们又没有帐篷，所以找一个容身之所显然是非常必要的，于是我们很快就用这些木板搭建了可以暂时容身的地方。因为乡民们埋葬尸体非常草率，所以我们首先要做的就是把发现的尸体埋葬好。次日上午，要塞的草图已经绘制好，并且做出了标记。要塞围长是 455 英尺，这就需要 455 根木桩，每根木桩的直径为 1 英尺。我们共有 70 把斧头，大家立即动手砍伐木头，一个个都是运用斧头的高手，因此工作起来效率很高。看到树木很快地倒下，我好奇地看着表，两名士兵砍一棵松树，6 分钟树就倒下；我发现树的直径为 14 英寸，每棵松树可以做成 3 根树桩，每根树桩一头尖，长 18 英尺。这些士兵在伐木的时候，其他士兵在周围挖壕沟，深 3 英尺，树桩就埋在壕沟的中间。我们卸下了马车的车身，拔掉了连接车子的前后轴杆，这样我们就有了 10 辆马车。我们用两匹马拉一辆车，把树林里的木桩拉到壕沟工地。

木桩栏杆建造好之后，木工在围栏里搭建了一个离地面大约 6 英尺高的平台。这样不仅便于士兵登高眺望，还可以从枪眼处对外射击。我们有一门旋转炮安装在一个拐角上，一旦装置好了就可以开炮。如果印第安人能听得到的话，他们就知道我们也有这种武器。

隔一天下一场雨虽然对施工造成了影响，但我们的要塞（这么简陋的树木栅栏如果也能配得上这一庄严的称呼的话）最终还是在一个星期内竣工了。

我从对这件事的观察中获得这样一些感想：一个人有事情可干，内心就会感到快乐，原因是人在工作时心平气和，精神愉快；如果白天工作得非常满意，晚上也会过得很开心。如果一个人一天到晚无事可干，就会老是争论不休，干什么都不合心意，整天郁郁寡欢。由此我想起了一位船长的故事：他规定手下的人不停地干活。有一次，他的副手对他说，所有的事情都干好了，实在没有什么活儿可干了。“那这样好了，”船长说，“叫水手们把铁锚冲洗冲洗吧。”

虽然我们的要塞很简陋，但足以应付那些没有大炮的印第安人。现在我们有了可以容身的安全之处，不管遇到何种情况都会有退路，因此我们可以结伴在附近的村子进行大胆的搜索。沿途没有碰到印第安人，不过从附近小山上的情况来看，他们曾经在这里设过埋伏来观察我们的行动。值得一提的是，他们伪装得相当好。到寒冬时，他们需要生火来取暖，但是要像平常那样在露天生火的话，远处就能看到，会很容易暴露目标。因此，他们就在地面上挖沟，直径 3 英尺，沟深大约也是 3 英尺。我们在里面还发现了木炭，那是他们用斧头从树林中烧焦了的木头上砍下来的。有了这些木炭，他们就可以在洞下面生火。我们还发现了一些痕迹，可以说明他们是躺在洞口周围的草地上，下身伸进洞中来取暖的。这样生出来的火，无论是它的光亮、火焰、火星还是烟雾，都不会令他们暴露目标。看来他们人并不是很多，而且也知道我们有很多人，知道要找到机会击败我们并不容易。

我们有一位热心的随军牧师——长老会的比蒂先生。他向我抱怨说，士兵们大都不理会他的祈祷和训教。士兵们被招募入伍时，曾经得到这样的允诺：除军饷和粮食外，每天供应他们一定量的甜酒，分早晚两次分发，还要按时。我发现士兵们领酒都非常准时，因而就向比蒂先生建议："你是军中的牧师，让你去干分发酒的事，好像不太合适。但是，如果你在祈祷完之后再分发甜酒，他们肯定都会来听的。"他觉得我这个建议不错，从此就干了分发甜酒的差事，他带了几个帮手替他量酒，工作做得非常出色。之后，来听他祈祷的人多了许多，还很准时。这件事让我感受到：对不参加祈祷的士兵来说，这个方法比军法处置要好得多。

在我刚刚处理完这里的事务，要塞里的粮食也很充足时，总督来信通知我说，他要召集议会开会，若我没有必要留在边界的话，希望我也能出席。我在议会的朋友也催我说，如果可能的话就来参加会议。由于那3个要塞现已完工，居民们在得到保护后也安心务农了，因此我决定回去。我愿意回去的最重要的原因是克拉彭上校答应接替我来指挥。他是一位新英格兰军官，此时他正好来参观我们的要塞。我给他发了委任状，并在检阅部队时当众宣读，还把他介绍给了士兵：就军事才能而言，他比我更加适合带领这支部队。接着我给士兵们鼓了鼓士气就离开了。我被护送到伯利恒，并在那里休息了几天以缓解疲劳。到那里后的第一天晚上，我躺在舒适的床上，几乎难以入睡，这与我们前些日子在纳登赫特村庄的住宿条件相比真是天壤之别！那时我们不过是裹了一两条毯子睡在木板上。

我在伯利恒对摩拉维亚教徒的习俗进行了一些考察。教徒中的几个人一直陪着我，对我关怀备至。我发现他们无论是劳动、吃饭还是睡觉都采取集体的形式，大家都聚集在一起。在他们的公共宿舍里，我看到天花板下面每隔一定的距离就有一个小洞口——在我看来，那是为了空气流通。我在他们的教堂里听到了美妙的音乐，那是小提琴、双簧管、长笛和单簧管等乐器跟风琴伴奏而成的。与我们的祷告不同，他们布道时通常不是男女老幼混杂在一起，而把未婚男子、未婚女子、年轻小伙子、年轻姑娘以及小孩分别集中起来单独布道。我来的时候，他们正在给小孩子布道：男孩子们进来以后，由一名年轻男子也就是他们的老师引导他们坐在一条条凳子上；女孩子们则由年轻的女老师来引导。布道者使用与孩子智力相适宜的语言，同时热情而又亲切，似乎是在哄着孩子们去做好事。孩子们的举止很得体，而且行动很有秩序。不过他们看起来面色苍白，健康状况不是很好。这可能是因为他们长时间待在屋子里，或者是因为缺乏身体锻炼的缘故。

我还询问了摩拉维亚教徒的婚姻状况。听说他们的男婚女嫁要靠抽签来决定，不知道是否真的是这样。对于我的疑问，他们是这样跟我解释的：只有在特殊的情况下才会采用抽签的办法；一般情况下，年轻男子到了想要结婚的时候，他就把想法告诉自己的长者，然后再由这位长者去和管理女子的老妇人商量。这些长者对不同性别的年轻人都有所了解，并且熟悉他们的个性和脾气。谁与谁在一起比较恰当，他们能够对此做出最佳判断，一般都能被当事者所接受。但是也有例外，例如，两个或三个年轻女子都与一个男子相配，这时就只好靠抽签来决定了。我对他们这种做法提出了不同意见，认为如果男女双方不是自己亲自选择结婚的对象，或许其中有些人会感到很不幸。对方告诉我："即使你让他们自己选择，可能也会产生不幸。"对于他所说的，我确实不能否认。

回到费城以后，我发现民兵团队的工作进展得很顺利。除教友会之外，其他教徒居民都踊跃加入，他们根据新的法令组成了自己的连队，并且选举了上尉、中尉和少尉。邦德医生来看我，说他为宣传新法令吃尽了苦头，经过他的努力，民团法才得到人们的拥护。我过去写的那篇《对话》让我曾有过虚荣心，以为这一切都归功于它。不过，他的说法是否有道理我不得而知，姑且任由他居功自傲吧。我对于这一类事情通常都是这样处理的，在我看来这也是最好的处理方式。

军官们选举我作为他们的民团上校，我接受了。我不知道究竟有多少连队，只看到列队检阅时有 1200 名威武的士兵。另外，有一支炮兵连，配有 6 门铜制野战炮。这些炮兵使用大炮的技术非常娴熟，每分钟能打出12发炮弹。检阅完民团部队后，他们护送我回到家门口，还在门前鸣礼炮来表示敬意，不料震动了我的电学实验仪器，还打碎了几块玻璃。而我所得到的这份新的荣誉并不比玻璃坚固多少，因为没过多久民团法就被废除了，我的任职就如同玻璃一样随之被打碎了。

在我这短暂的上校任期内，我有一次计划要去弗吉尼亚州。民团的军官们异想天开地要护送我出城，并认为一直要送到下弗里才与我的身份相符。我一上马，就看到他们在我的门口。他们大约有三四十人，全部身着军装骑在马上。对于此事，我事先并不知情，否则我一定会阻止他们的。我向来不赞成在任何情况下显威风。他们的这种做法令我很恼火，可是此时阻止他们护送显然已经不可能了。更为糟糕的是，我们刚刚出发，他们就拔出剑高举着，一路奔驰前进。有人把这件事报告给了领主，领主非常恼火。他说，连他本人甚至任何总督都没有享受过这样的荣誉，这样的殊荣只有王室嫡亲的王子才能享受。也许他说得对，因为一直以来我对什么情况下应该有什么样的礼节都一窍不通。

这件事情是如此愚蠢，以至于这个领主大大增加了对我的怨恨。他原本就对我积怨很深，因为我在议会的一些举动：我反对免征他的财产税，而且一直坚持，态度还很强硬。他在要求这一特权时所采取的卑鄙手段，我还多次严词痛斥。他向内阁指控我，说我给皇家公务的执行造成了很大的障碍；说我利用自己在议会中的影响阻止筹款法案的通过；他还以这次军官护送为例，说明我对本州政府的权力觊觎已久，并企图用武力夺取；另外，他还请求邮政总局局长埃弗拉德·福克纳爵士解除我的职务。不过他非但没有达到目的，反而受到福克纳爵士温和的劝诫。

总督和议会之间的争执还在继续，我作为议员深感责任重大。我和总督依然和睦相处，从不夹杂个人意气，大家都知道议会回复他的咨文是我起草的，可是他对我没有或者很少有抱怨。我有时在想，这可能是出于他的职业习惯，因为他是律师，可能把我们双方都视作代替诉讼当事人办理案件：他为领主，我为议会。有时他在遇到困难时会很友好地征求我的意见，虽说不经常采纳我的意见，但也有采纳的时候。

我们在为布雷德多克将军的部队提供粮草的问题上看法一致。惨败的噩耗一传来，总督就急忙派人把我叫去，要跟我商量阻止边境居民逃亡的办法。我现在已经忘记了自己当时提的是什么建议，但是我认为我应该会这样建议：要写信给邓巴将军，如果有可能的话，请他将部队驻扎在边境以保护居民，等到殖民地的援军到来后他才能继续远征。我从边防线上回来后，如果不是因为杜昆斯要塞失陷，邓巴将军另外有任务，他原本是要我统帅本州部队去远征，委任我为大将军的。不过我自知军事能力并不像他想象的那么强，但我相信他举荐我的本意并不是这样的。也许他认为，我的个人声望有利于招兵买马，我在议会中的影响力有利于筹集军饷，还有可能免征领主的财产税。当他意识到我接受命令的态度并不像他想象的那么积极时才打消了这个计划。不久后他就卸任了，丹尼上尉接管了他的职务。

在此，新任总督执政期间我所干的公务暂且不谈，我想先说一下我在科学研究方面的情况，以免遗漏。因为我在这方面的荣誉渐增，而且也出了些成绩。

我于1764年在波士顿遇到了斯宾塞博士，那时他刚从苏格兰来，给我做了一些有关电学的实验。因为他自己对实验还并不是很熟悉，所以做得不够完善。但对我而言，这完全是新鲜的事物，令我深感惊奇和欣喜。在我回到费城后不久，伦敦皇家学会会员科林斯先生赠送给我们的图书馆一件礼物——一根玻璃管，附带一份说明书以解释如何做上述的实验。于是，我利用这个机会反复去做我在波士顿看到的那种实验。经过多次实验，我已能很熟练地掌握说明书上的相关介绍，并且还能增加一些新实验。我所说的“多次实验”是指有一段时间，我的房子里经常会挤满来观看这些新奇迹的人。

为了让我的朋友都能做这样的实验，我把玻璃管送到玻璃厂，让他们照着生产一些同样的管子，这样我就多了几人做实验。金纳斯利先生是其中比较突出的一个。他是我的邻居，很有才智，当时正失业，于是我便鼓励他做这样的实验表演来挣钱，我还为他就实验的顺序、使用方法写了两篇讲演稿，由浅入深地做了解说。为了做好实验，他准备了一套精良的仪器，其中有些小玩意儿制作粗糙，得经过机械师的精密加工才行。他的讲演吸引了很多人驻足观看，观众评价都很高。不久以后，他到各殖民地的州府巡回表演，挣了一些钱。不过在西印度群岛做这样的实验确实比较困难，因为那里的空气大都很潮湿。

科林斯先生给我送来了玻璃管等礼物，为了表示谢意，我认为应该告诉他我们用他的玻璃管做了实验，并且已经取得成功。因此我写了几封信给他，说明了我们的实验情况。他把我给他的信在皇家学会里做了宣读，起初他们认为这些信不值得关注，连皇家学会的学报也没有登。我另外还写了一篇论文，论述闪电和电的同一性。我把这篇论文寄给了一位朋友——米切尔博士，也是皇家学会的会员。他来信说，他已经把论文在学会中做了宣读，却遭到了同行的嘲笑。但福瑟吉尔博士看了这篇论文后，认为很有价值，不应该被埋没，并且建议刊行。科林斯先生把论文交给凯夫，让他在《绅士杂志》上发表。可是他并没有在杂志上印行，而是出了单行本，福瑟吉尔博士还为之写了序文。看来凯夫很有赢利的头脑，这些文章，加上后来陆续寄去的文章，渐渐扩充成厚厚的一册，四开本，刊行了5次，却没有花费一分钱的稿费。

不久之后，英国方面也开始关注这篇文章。事情的经过是这样的，似乎还有点偶然：不知怎的，德布封伯爵得到了这本小册子。他是欧洲著名的科学家，当时在法国，于是他说服利巴尔先生将这篇文章翻译成法语，在巴黎出版。出乎意料的是，这本小册子的出版惹怒了皇家自然科学导师诺莱神父，他是很能干的实验家，曾经撰写并出版了电学理论方面的著作，在当时很受欢迎。开始他并不相信，以为这书是美洲人写的，还说这一定是自己在巴黎的仇敌编造来贬低他的理论体系的。后来他发现费城确实有个叫富兰克林的人，他就写了许多信，其中多数是给我的，并且出版成册。他在册子里维护自己理论的同时，不但否认我的实验，还否认了我的实验结论。

我曾经想过要给这位神父回信，而且实际上已经开了头，但是考虑再三之后认为，我的文章内容是关于实验的描写，这样的实验任何人都可以做并且证明，我自己如果不能证明，也就不能够为自己辩护。而且，文章的论点不过只是一种推断，并不是主观的结论，因此，辩护根本没有必要。再说，两个人如果采用不同的语言进行争论，可能会因为翻译的失误而导致论战的战线拉得很长。神父的一封信就因翻译有很多地方出错而引起了误解。于是我决定不去争辩，让文章去说话。与其为已经做过的实验辩解花费时间，不如把时间用来做新的实验。一直以来，我没有给诺莱先生回过信，采取沉默的态度来应对，后来事态的发展也没有让我感到后悔。我的朋友李•罗伊先生，他也是皇家学会的会员，代替我反驳对方。后来我的文章被翻译成意大利语、德语和拉丁语，其中的理论也渐渐为欧洲科学家广泛接受，神父的理论被彻底推翻了。因此神父在世时就看到了自己理论的终结，只有一个人还依旧拥护他的理论，那人就是巴黎的 B 先生——神父唯一一位忠实门徒。

我的小册子能在很短的时间内被广泛接受，那是因为其中所提出的实验被证明是成功的。达利巴德先生和德•罗尔先生做了这个实验，实验地点是在马里，实验内容是从云中引出了闪电。这件事引起了人们的普遍关注。德·罗尔先生拥有一套科学实验的仪器，在这个领域里作过学术讲座。他着手反复做他所称作的“费城实验”，后来还在英国国王和大臣面前进行实验表演，吸引了许多好奇的巴黎人前来观看。对于这次实验以及不久后我在费城用风筝做的类似实验所取得的成功（这两件事在电学史上都有记载），我不想做过多的描述，也不想过多地表达我内心的喜悦。

当时在巴黎的一位英国内科医生赖特博士，给他在皇家学会的一位朋友写了一封信，信中说，国外学术界对我的实验给予了非常高的评价，而在英国却受到如此冷落，实在令他感到很费解。此后，皇家学会才开始重新考虑我那曾被宣读过的论文。沃森博士为我那篇论文以及后来所写的有关电学方面的论文写了摘要，还对作者进行了表扬。这篇摘要就发表在学会的学报上。

皇家学会在伦敦的一些会员，特别是具有敏锐观察力的坎顿先生，还用一根尖竿做了从云中引发闪电的实验，而且取得了成功，并把这个消息通知学会会员。此时他们一改之前对我的冷淡态度，给了我很多补偿：我还没有要求什么，他们就选我为学会会员；免除我的会费（算起来有25个几尼）；后来还把学会的学报赠送给我；还授予我1753年戈弗雷·科普利爵士的金质奖章，学会会长麦克赖斯非尔特伯爵在颁奖大会上发表了演说，还对我大大赞扬了一番。

新任总督丹尼上校帮我把皇家学会金质奖章带了回来，在费城为他举行的接风宴会上交给了我，还说了一些表示敬意的话，说他以前就熟悉我的为人。宴会之后，按照当地的风俗，大家开始饮酒。总督拉我到另外一个房间，告诉我说，他一些在英国的朋友早就劝他和我结交，因为我能给他提出最好的建议以帮他顺利地开展政府工作，因此他渴望我们能在所有事情上达成共识；他还让我相信，他会在权力范围之内尽可能地为我效力。此外，他还对我说了很多，其中包括：领主们对本州的良好祝愿；要是那些长期反对领主措施的人能够放弃己见，让领主与公众之间和睦相处，这样或许对大家，特别是对我本人，都有好处；除了我之外，没有人能够促进这项工作取得成效；人们会因此而感激我，还会给我丰厚的报酬，等等。那些喝酒的宾客发现我们很久都没有回到餐桌上，于是给我们送来了一罐马德拉酒。总督开怀畅饮，恳请和报酬之类的话也就说得越来越多。

我是这样回答他的：感谢上帝，我的境况还不算糟，暂时还不需要领主的恩惠；作为议会议员，我也不能接受任何形式的恩惠。不过，我和领主并没有个人的恩怨，无论在何种情况下，只要领主提出的措施对公众有利，我都会强烈支持并热情执行的。我过去之所以有反对意见，主要是由于领主极力推行的那些措施，显然是仅仅为自己的利益考虑的，但却极大地损害了公众的利益。我非常感谢总督对我的坦诚相待，我会尽我所能促使政府的工作顺利进行，但同时也希望总督不要像前任总督那样颁布一些损害公众利益的法令。

总督当时对我的这番话并没有做出解释。后来他在和议会讨论公务时又陷入了争斗，我仍然像以往一样表示强烈反对。作为文件的起草人，我首先就反对把指令通告给议会，其次我反对对指令做出的评论——这两篇起草文件我后来都刊登在《历史回顾》上。但是我和总督之间并没有什么私人恩怨，我们还常常碰面。他很有文采，阅历丰富，说话风趣，和他在一起交谈很愉快。我还是第一次从他那里知道，老朋友詹姆斯·劳尔夫还活着，他在英国是受人尊敬的评论家；他曾经被雇用去处理弗里德里克王子和国王之间的纠纷，年薪达300英镑；作为诗人，他的确没有什么名气，蒲柏在《群愚史诗》中还嘲弄了他的诗歌，但人们认为他的散文写得很出色。

议会后来发现，领主的态度很顽固，坚持以指令束缚他们的代表，这样做不仅与公众的利益相背离，也与王室的事务要求不相符。因此议会决定向英国国王指控他们，并且派我做代表前往英国提交请愿书，办理诉讼事宜。议会已经提交了一份提案给总督，答应拨款60000英镑供英国国王使用（其中10000英镑由当时的将军劳登勋爵支配），可是总督却听从领主的指令而拒绝通过。

我和纽约一艘邮船的船长莫里斯谈妥了，乘他的船航行，行李和用品都放在船上。就在这时，劳登勋爵来到费城，他告诉我说，他这次来的目的是要调解总督和议会之间的矛盾，不能因为他们之间的矛盾而影响英国国王陛下的事务。因此他要求会见总督和我，倾听双方的意见。我们举行了会见，并讨论了要解决的问题。作为议会的代表，我明确指出：争论的所有问题都由我执笔，记在当时的官方文件中，并且和议会的记录一起印行。总督则为领主的指令辩护，还说他要遵守对业主的约定；如果他不执行，就会遭到贬黜；如果劳登勋爵愿意劝阻的话，他可能也愿意冒险。我曾经以为这位勋爵有劝阻的倾向，没有想到他还是不肯去做。后来他要求议会向领主让步，还让我利用自己的影响力来帮他达到自己的目的。他还表示以后不会派兵驻守边境，如果我们不能做好防御工作，边境时刻有遭到侵略的危险。

我将这次会谈的经过向议会做了报告，还把自己起草的一系列决议也交给议会审议。我申明了我们的权利，并且表示绝不放弃这些权利。如果因为受到武力威胁而暂时不能行使这些权利，我们就提出抗议。议会最终同意撤销议案，并按照领主的指令重新制定了议案。对此，总督当然会批准。这样一来，我的工作也就结束了，准备去远航。

那艘邮船这时已经起航，我的行李也被带走了，我因此而蒙受了不小的损失，勋爵大人对我的效劳表示的感谢就是我所得到的唯一补偿。他把调解的一切功劳全都算在了自己的名下。

在我去纽约之前，他就已经到了那里。这期间所有的邮船都必须听他调遣。当时那里停泊了两艘船，据他说其中一艘很快就会起航。我想知道起航的准确时间，怕误了船期。他的回答是："我已经发出通知，这艘船会在下个星期六起航。我可以告诉你，不过你必须保密，如果你晚两天，也就是说星期一的上午来仍然能赶上，不过不能再晚了。”可是我在渡口那里因为偶然的事情耽搁了，到那里时已经快到星期一的中午了。那天正好是顺风，我很担心船已经起航了。不过后来我听说船还在港口，不等到第二天不会离港，因此就放心了。

或许在人们看来我很快就要去欧洲了，而且我当时也是这么想。但我当时对这位勋爵的性格还不熟悉，后来才知道他秉性中最显著的特点就是优柔寡断。这一点我可以通过以下几个例子来说明。

我大概是 4 月初到达纽约的，到 6 月底船才起航。当时有两艘邮船停泊在港口，因为等将军的信笺而耽搁了很长时间。据说那些信笺到达的时间总是在“明天”。之后，又来了一艘邮船，还是被耽搁了。在我们出发之前，第四艘船也快来了。因为我们乘坐的船等待的时间最长，所以应该最先起航。很多乘客已经等得不耐烦了，急着要走。还有一些生意人因他们的书信以及曾经发出的那些办理过保险的秋季订单而心急如焚，因为此时正处于战争时期。可着急也是没有用的，因为还没有等到勋爵的信笺。不管你什么时候看到勋爵，他都是坐在办公桌旁，手里拿着笔，似乎他总有很多东西要写。

我有一天早晨去拜访他，在他的前客厅里看到费城来的信使。那个信使名叫伊尼斯，来的目的是要把丹尼总督的一个包裹交给将军。另外，他还把费城的朋友写给我的信交给了我。我问他什么时候回去，中途在哪里停留，想托他为我捎一些信笺。他告诉我说，将军要给总督回信，让他明天上午9点来取，取完之后他就回去。我当天就把信笺交给了他。过了两个星期，我又在老地方遇见了他。

“伊尼斯，没想到你这么快就回来啦？”

“哪里是回来！我还没走呢。”

“这究竟是怎么一回事？”

“这两个星期我奉命每天早上来这里取勋爵大人的信，他还没有写好呢。”

“怎么会呢？他这个人很是勤于笔耕，我常常看到他伏案写作。”

“你说得没错，”伊尼斯说，“可是他就像广告牌子上的圣乔治一样，总是骑在马背上，却永远不迈步。”

这位信使的比喻十分贴切。我在英国的时候就得知，皮特先生以“内阁从来听不到他的消息，不知道他整天在干些什么”为由罢免了这位将军，阿默斯特和沃尔夫两位将军接替了他的职位。

大家就这样每天等待着起航，那3艘邮船已经开到桑地胡克港与那里的舰队会合去了。乘客们认为最好不要离开船，以免船突然接到命令开走了而赶不上。如果我没有记错，我们大概在那里滞留了6个星期，吃的东西几乎都消耗殆尽，还得另外再购买。

最后，将军和他的部队全都上了船，舰队起航要向路易斯堡进发，目的是要围攻要塞。全部的邮船奉命与将军的船随同航行，以便随时听他的调遣。等了5天以后，我们才收到一封来信准许我们离开。这时我们才脱离了舰队，向英国航行。将军仍然扣留了另外两艘邮船，随他一同前往哈利法克斯。他在那里待了一段时间，要求士兵们搞军事演习，以假想的堡垒开展假想的进攻。本来他们要围攻路易斯堡，此时改变了主意，又带着全体部队、上面提到的两艘邮船以及所有乘客回到了纽约。在他离开之后，法国军队和印第安人攻下了本州边境的乔治要塞，许多投降的士兵都被印第安人杀害了。

我后来到了伦敦，见到了本奈尔船长，当时他是一艘邮船的指挥。他告诉我，他在船被扣留了一个月的时候，就向勋爵大人报告邮船的情况，说他的船底下长满了海藻等腐烂的脏东西，已经到了影响航行速度的程度，这会给邮船带来严重的后果，请求给予时间以清除船底的这些脏东西。勋爵大人问他需要多长时间，他回答说3天。

将军对他说："如果你能在一天之内完成的话，我就答应，否则不行，因为后天你肯定要起航。"后来船一天又一天地被扣留，一直拖了整整3个月，但他始终没有答应。

我在伦敦还见到了本奈尔博士的一位乘客，他对勋爵大人非常憎恨，因为勋爵欺骗了他，让他在纽约滞留了那么长的时间，把他带到哈利法克斯以后又带回来。他发誓要提出诉讼，要求赔偿自己的一切损失。他是否真的起诉过，我无从知道，但是从他所说的情况来看，那损失一定不少。

令我非常奇怪的是，指挥这样一支大军，事关重大，怎么会委托像他这样的人来承担呢？但是后来见识多了，看惯了谋求官职和封官许愿中的种种伎俩，我也就见怪不怪了。

依我看，布雷德多克将军去世后，如果让雪利将军继续掌握兵权，其战绩应该要比劳登在1757年的战况好得多。劳登这一仗打得很轻率，花费巨大，实在是有辱我们民族的尊严。雪利将军虽然不是军人出身，但是他能审时度势，善于纳谏，做出明智的决策，并能积极果断地付诸实施。而劳登带领大军时，不但不能保卫殖民地，反而令其完全暴露给敌人，自己却愚昧地去哈利法克斯练兵，致使乔治要塞沦陷。此外，他把我们的商业计划全都弄得混乱不堪。他以“粮食禁运，免遭敌手”为借口损害了我们的长期贸易，其真正的目的是想压低粮食价格，让商贩子从中获利。据说，或许只是怀疑，粮商们的获利中也有他的一份。最后，禁运终于解除了，却忘了通知查尔斯顿港口，卡罗莱纳整个舰队滞留了大约有3个月的时间，船底遭到蛀虫的严重侵蚀，归航时大部分都沉没了。

雪利被解除了职务，可是在我看来，此时的他是打心底里感觉到如释重负，因为他对军务并不熟悉，却肩负大军指挥的这一重任。纽约市为劳登勋爵就任举行了欢迎宴会，我也曾应邀出席。雪利虽然卸任，也受邀出席了。赴宴的还有许多官员、市民以及一些陌生的面孔。有些椅子还是从左邻右舍借来的，其中有一张椅子非常低矮，偏巧让给雪利先生就座。我就坐在他的身边，看到了这一点。“先生，”我说，“他们给你的座位太低了。”“不要紧，”他回答，“富兰克林先生，我发觉低位子坐着最舒服。”

在纽约滞留的那段时间，我收到了为布雷德多克提供粮草的所有账单。当时办事的时候，我雇用了一些人，其中有些单据尚在他们各人的手里，我还未及时收到。我把已经收到的单据送交给劳登勋爵，希望他能够付清欠款。他让军需官按照常规进行复查。军需官对单据的每项支出检查以后，证明它们准确无误，这位勋爵大人答应让军需官付清所欠的余款。可是对于付款的事他一拖再拖，我常常按与他约好的时间去取款，但就是拿不到。就在我要离开纽约的时候，他告诉我说，经过再三考虑，他不希望把他的账目与他的前任混为一谈。“到了英国以后，”他说，“你只要将账单交给财政部，他们马上会付款给你。”

我心想，在纽约滞留了那么长时间，耗资不少。按理来讲，我应该很希望能够立即得到偿还，但是说与不说并没有什么分别。我用自己的钱垫付了款子，而且并没有因此而要求任何佣金，就这样还再三拖延，在我看来，他这样做实在是有失公正。

“哎呀，先生，”他说，“不要用你没有捞到好处这种话来糊弄我们了。对于这样的事情，我们比谁都清楚。只要是给部队办理军需的人，总是会想方设法装满自己的口袋。”我向他保证，我的情况并不是像他所想的那样，我没有捞过一分钱，而他对此根本不相信。办理这种差事的人，往往从中捞了很多好处，这一点我的确是从中体会到了。至于我自己垫付的那些钱，我至今都没有收到。这件事情我后面还要提到。

在邮船起航之前，船长宣称他的船航行速度非常之快。令我们感到遗憾的是，在海上航行的 96 艘船中，我们的船速度最慢，船长也因此感到非常难堪。为什么会这样，大家有过各种各样的猜测。这时候，另外一艘船与我们的船靠得很近，速度与我们差不多，却航行到了我们的前面。船长看到这种情况，就下令所有的水手都到船尾去，尽量靠近舰尾旗。连同乘客在内，我们大约有 40 人，都站到了舰尾旗附近，船的速度加快了，没有多久就把附近的船甩在了后面。我们的船长推测船头的载荷过重。所有盛水的水桶，好像都被放在了船头，于是船长下令将水桶都挪到船尾。这样一来，这艘船又恢复了它的本能，成了船队中速度最快的一艘。

船长说自己的船速曾经达到过 13 节，相当于时速 13 英里。当时我们大家都在甲板上，旅客当中有一位名叫肯尼迪的海军舰长，说这艘船不可能达到那样的速度，他认为一定是测速器的刻度有误，要么就是在投递测速器时出了差错。船长和舰长就打赌，等待有足够的风力时来决定胜负。就这样，肯尼迪舰长严格检查了测速器，认为测速器没有问题，决定亲自投掷下去。几天以后，海风适中，邮船船长路德威希说自己相信此刻的船速为 13 节，肯尼迪检查了一下，承认自己输了。

我叙述上面事实的目的是要说明我下面的看法：人们普遍认为，由于造船技术不够完善，一艘新船制造成功后，只有试航以后才能知道其性能究竟好不好。如果你倾尽心力模仿一艘性能良好的船来制造一艘新船，事实上只会适得其反，根本造不出出色的船。我想这其中的部分原因可能是因为不同的水手在装卸、装备和驾驶方面会有不同的处理方法，每个人都按照自己的那套办法处理。不同的船长对于同样一艘船的装载会有不同的判断和命令，这就使得船航行的速度有快有慢。另外，一艘船从建造、出海到航行操作，往往都是由多个人一起进行的。一个人造船身，一个人负责装备，第三个人装货驾驶——相互之间都不知道对方的想法和体验，因此不能从全局出发，那么，也就不能够得出公正的结论。

我通过观察获得这样的认识：即使是那些简单的海上航行操作，在风速、风向都相同的情况下，指挥连续值班人员的船上官员也会做出不同的判断，有人会比另外一个人把船帆扯得高一些或者平一些，似乎其中并没有什么固定的规则。依我看，这个问题的解决可以采用一套实验方法：第一，确定最能使船快速的船体；第二，确定桅杆的尺寸大小和安放它的最合适位置；第三，根据风势，确定风帆的形状、数量和位置；最后，确定装载货物的位置。这是一个讲究实验的时代。要是有一套精确、相互配合的实验会非常有帮助。我相信在不久的将来那些富于创造性的科学家会从事这项工作，在此我预祝他们成功。

在航行途中，我们多次发现被别的船追赶，但我们始终处于领先的地位。我们的船在 30 天后就进入了可测量的浅水区。

我们的观察很准确，船长根据自己的判断知道已经靠近了法尔默斯港口。如果我们在夜间航行就可以躲避敌人的注意，因为敌人的掠私船经常在海峡入口附近巡航。因此我们尽可能扯起所有的风帆，顺风的航行速度非常之快。

经过观察，船长确定了航向，认为这样就可以避开希利群岛。不过，圣乔治海峡那里有时候会出现强大的海流，令水手们上当，例如，克劳斯莱•肖弗尔爵士的舰队曾经就因此覆没。后来我们的船出了事，也许就因为这股海流。

在船首我们安排了一个人放哨，人们常常朝他喊叫："注意观察前方！"他总是回答说："唉，是啊！"但是他可能此时正闭着眼睛，半睡半醒，正如人们有时候说的那样，在机械地回答问题。他并没有看到我们前方有一盏灯。由于副帆的遮挡，舵手和其他值班人员也都没有看见。只是船身的偶然倾斜，才使得人们发现了这个灯塔。这时候，船已经离它很近，大家一阵惊叫。在我看来那盏灯大得就像一只车轮。到了深夜，船长已经睡熟了。但是肯尼迪舰长跳上了甲板，看到了险情，下令邮船转舵，尽管这会给风帆全部扬起的桅杆带来很大的危险，但是却避免了船毁人亡，因为我们的船正冲向灯塔下面的礁石。这次脱险使我认识到灯塔的极端重要性。若是我能活着回到美洲，我一定倡议在那里多建造一些灯塔。

早晨的时候，我们发现邮船已经快要入港了，但此时大雾弥漫，根本看不见陆地。大约到了9点钟，大雾才渐渐散去，这时映入我们眼帘的是法尔默斯城镇、港口内的船只以及周围的田野。我们在大海中航行了很长一段日子，见到的只是茫茫大海一片单调的色彩，现在看到这样的景色真是让人感到心情舒畅。特别令人欣慰的是，我们终于过上了和平的日子，不会再为战争而担惊受怕。

接着，我带着儿子前往伦敦，途中参观了索尔兹伯里平原上举世闻名的史前巨石柱，欣赏了位于威尔顿的彭布罗克勋爵的官邸和花园以及一些稀世古玩。

我们于 1757 年 7 月 27 日到达伦敦。

第六部分

查尔斯先生早已为我安排好了住处，我安顿好之后，就去拜访了福瑟吉尔博士，因为有人极力向我推荐他，只要是有关诉讼方面的事情都让我向他请教。福瑟吉尔博士并不同意直接向政府提出控诉这种办法，认为首先应该考虑与领主进行个人接触，或许可以通过私下的劝解使问题获得和平解决。因此我就去拜访经常与我通信的老朋友彼得•科林斯先生。他告诉我说，弗吉尼亚州的大商人约翰•汉伯里先生曾经要求过，等我到了这里以后就告诉他，他可以带我去见当时的枢密院院长格兰维尔勋爵，这位院长很想见我。我于是同意在第二天上午与他同去。

约翰·汉伯里先生按照约定的时间来到我这里，要我乘他的车去勋爵办公的地方。勋爵极为礼貌地接待了我，还向我询问了美洲目前的时局问题，并就此谈论了自己的一些看法。

接着，他对我说："你们美洲人对你们宪法本质的理解存在着不当之处。对于宪法，你们有着这样的主张：英国国王给总督的指令不是法律；对待这些指令，你们认为可以根据自己的判断决定取舍。可是这些指令与出国公使所携带的个人指令是不同的，后者是有关礼节方面的细枝末节问题。而给你们总督的指令，是先由资深的法官起草，经过枢密院思考、辩论甚至修改，然后再由国王签字颁发的。因此，这些指令对于你们就是国法，因为国王就是'殖民地的立法人'。"

我对院长阁下说，他这番话着实令我感到新鲜。我早就从我们的宪章中获得这样的认识：我们的法律由议会制定，当然也要呈报国王批准。但是一经批准，国王就不能废除或者更改。既然议会不经国王准许就不能制定永久性法律，那么国王不经议会准许同样也不能为议会立法。勋爵说我的看法不对，可是我并不这么认为。不过勋爵阁下的一番话，或许表明了英国内阁对我们的态度，这倒让我有点担心。因此回到寓所后，我就马上把谈话内容记录下来。

这令我想起20年前发生的一件事：内阁提交给议会的一份议案，其中有一条款建议将国王的指令变成殖民地的法律，但是遭到了下院的否决。当时我们为此还对下院的议员们表示敬意，把他们当作朋友，当作自由的朋友。直到1765年，我们似乎才从他们对我们的所作所为中看到：他们拒绝国王的统治权，完全是为了他们自己的权力。

几天后，我和领主们在托马斯·佩恩先生的四季花园家中进行了会晤，因为福瑟吉尔博士已经跟领主们交谈过，领主也同意跟我见面。一开始，双方都表示愿意做些让步，不过必须是“合理”的让步。可我在想，对于“合理”一词，双方会有不同的理解。因此我在进一步考虑了双方分歧的几点意见之后，将其都列举出来。领主们竭力为自己的行为辩护，我也为议会辩护。双方意见分歧相当大，很难统一，达成共识的可能性非常小。不过，最后形成了这样的决定，即由我把双方争议的要点写下来交给他们，当时他们也答应会考虑。

时隔不久，我把写好的文字交给他们，可他们又交给他们的律师费迪南德·约翰·帕里斯。这个律师曾经为他们处理过一桩大案的所有事务（他们和邻近的马里兰州领主巴尔的摩勋爵的官司，该案件持续了足足70年）。领主与议会间的这一次争论，所有文件都是这个律师起草的。这个人非常自负，脾气也很暴躁。他过去写的文件论据不够充分，措辞傲慢，我曾经在议会的复文里对他作过严厉的批驳，他对我恨之入骨，不论何时碰到，气氛都会变得紧张起来。领主建议我和他就双方争论的要点心平气和地坐下来交谈，我断然拒绝。再说，除了领主之外，我不与任何人打交道。

因此，他们按照帕里斯的建议，把我们那个文件交给正、副检察长，想要征求他们的意见。但是这个案子一直没有答复，等了一年只差 8 天。在这期间，我常常从领主那里要求答复，但是得到的答案总是：他们还没有接到正、副检察长的回复。正、副检察长给予的回复究竟是什么，他们不肯告诉我，只是给议会送去了一封很长的信——这是帕里斯起草并盖了章的。他在信中重述了我们文件的内容，抱怨文件措辞不当和粗鲁无礼；他还为领主的行为做了不合理的辩护；最后还说，如果议会派一个“公正”的人和他们谈，他们愿意和解。言下之意是我不“公正”。

他们指责的所谓“措辞不当”和“粗鲁无礼”，或许指的是：我在给他们的文件中，开头没有用“宾夕法尼亚州真正的、绝对的领主”这个他们认定的尊称。我之所以省略了这个称呼，是因为我认为在文件里没有使用的必要，文件的意图不过是将口头谈话的内容以文字形式记录下来而已。

在耽搁的这段日子里，议会已经说服丹尼总督通过了一项议案——领主的财产和普通百姓的财产一样都得纳税。这样就解决了争端的关键问题。因此议会对领主的信也就没有给予答复。

不过议会通过的这项议案在英国的实施并不顺利，因为领主与帕里斯商量要阻止国王批准。因此他们到枢密院向国王请愿。在枢密院举行的听证会上，他们雇用的两名律师反对这个议案，而我雇用的两名律师维护这个议案。他们声称：议案的目的是让领主的财产负担加重，让平民的财产负担减轻；如果强行通过议案，与平民有仇恨的领主在依比例来定税额时就会受到平民的摆布，领主必将破产。我们的回答是：这项法案并不是那样的意图，也不会有那样的结果。那些估税员都很诚实，办事谨慎，而且都宣誓要公平合理评估。如果他们想增加领主的纳税减少自己的缴税，所得到的利益微乎其微，为此而发假誓不值得。

根据我的记录，双方争议的主要问题就是这个。另外，我们强烈坚持，这项法案不能废除，否则后果会很严重，因为我们为国王使用的100000英镑纸币已经付印，并且在民众之间流通。法案一旦废除，民众之间流通的纸币就成了废纸，接着民众会大量破产，政府将来的拨款就会举步维艰。领主们没有任何根据，仅仅是因为害怕他们的财产纳税过高而采取强硬的态度引起这场灾难，完全是出于自私自利的动机。说到这里，枢密院的一位大臣曼斯菲尔德勋爵起身向我招手，把我带到了书记员办公室，此时外面的律师们还在继续争论。

他问我："你能保证法案实施后不会损害领主的财产利益？"

我回答说："能。"

"既然这样，"他说，"空口无凭，签订一个条约来担保，你应该不会反对吧？"

"不反对。"我回答。

就这样，他把帕里斯召进来商谈一番后，双方都接受了这位勋爵大人的意见。枢密院的书记员为此草拟了一份文件，我在上面签了字。查尔斯先生（本州处理日常事务的代表）也在上面签了字。曼斯菲尔德勋爵回到了枢密院，法案最终在那里获得通过。枢密院建议对法案作一些修改，我们也保证将修改的内容写在法案的附件里。事实上，议会认为已经没有必要，因为在枢密院的法令到达之前，他们已经根据这个法案来征收第一年的税了。议会指定了一个委员会，专门来审查估税员的工作情况，委员会里还安排了领主的几个特别要好的朋友。经过详细调查以后，他们一致签署了一份报告，认为估税工作绝对公正合理。

议会对我立约的第一部分做了审查，认为对本州做出了重要贡献，因为保全了流通在百姓手中纸币的信誉。他们在我回去以后很正式地向我道谢。领主们因总督通过了这项法案而对他很生气，撤了他的职，并威胁说要起诉他，因为他违背了应该遵守的盟约。但是，总督不过是依照将军的命令行事，而且也是为了国王陛下。此外，他在宫廷里也有一些势力，领主的威胁对他而言并不算什么，而领主们也根本没有真的去起诉……（译注：因为作者突然病逝，自传并未完成。）

富兰克林生平大事年表

鉴于自传只写到1757年，有许多重要事实都没有写到，所以要详细了解富兰克林一生的重大事件，建议参照一下他的生平年表。

1706年

1月17日出生于波士顿；

其父有17个孩子，富兰克林排行第15。

1714年　8岁

进入语法学校读书。

1716年　10岁

辍学回家，成为父亲的助手，从事肥皂、蜡烛制造业。

1718年 12岁

在哥哥詹姆斯的印刷所当学徒。

1721年 15岁

用笔名在《新英格兰报》发表文章；

成为自由思想家；

素食主义者。

1723年 17岁

解除与哥哥的契约，去了费城；

在凯默印刷所工作；

放弃素食。

1724年 18岁

去伦敦购买印刷器材；

在伦敦做印刷工作；

发表《论自由与必然，欢乐与痛苦》。

1726年 20岁

回到费城；

先当店员，后再次到凯默印刷所工作，担任经理。

1727年 21岁

创立“俊托”俱乐部。

1728年 22岁

与梅雷迪斯开办印刷所。

1729年　23岁

与人合伙创办《宾夕法尼亚州报》；

匿名发表《纸币的性质及其必要性》。

1730年　24岁

与莱贝卡•里德小姐结婚。

1731年　25岁

创办费城图书馆。

1732年　26岁

出版《穷理查年鉴》。

1736年　30岁

受聘为宾夕法尼亚州议会秘书；

组建消防队。

1737年　31岁

担任议会议员；

担任费城邮政局局长。

1738年　32岁

开始学习法语、意大利语、西班牙语和拉丁语。

1742年　36岁

发明“富兰克林式火炉”。

1743年　37岁

在波士顿遇见斯宾塞博士，观摩了电学实验。

1744年　38岁

建立美洲哲学学会。

1746年　40岁

发表《朴实的真理》小册子，论述防务的必要性；

与几个朋友研究电学现象。

1747年　41岁

建立州消防队。

1748年　42岁

与戴维•霍尔合作经营印刷所，18年后退出印刷界；

当选为市议员。

1749年　43岁

发表《宾夕法尼亚州青年教育之建议》；

当选为费城高等学院理事会会长（后来成立宾夕法尼亚大学）。

1751年　45岁

资助建立医院；

发表《电学实验观察报告》；

代表费城进入州议会；

当选为市参议员。

1752年　46岁

利用风筝做实验，发现闪电放电。

1753年　47岁

分别接受哈佛大学和耶鲁大学荣誉文学硕士学位；

成为皇家学会会员；

被授予科普利奖章；

担任邮政局局长。

1754年　48岁

出席奥尔巴尼会议，提出奥尔巴尼联盟计划（即“联邦政府”计划）。

1755年　49岁

布雷德多克将军与印第安人作战，富兰克林为其筹备马匹、车辆以及其他军用物资。

1756年　50岁

任边防司令，在边境建立三个要塞；

任费城军团上校。

1757年　51岁

向议会提出修改费城街道的议案；

发表著名的《健康之路》；

前往英国处理议会与领主的纠纷。

1759年　53岁

去英格兰和苏格兰访问，在当地广交朋友，并成为几个市的荣誉公民。

1760年　54岁

在枢密院的听证会上与领主打官司，结果容许征收领主财产税；

首次被选为皇家学会理事。

1762年　56岁

接受牛津大学法学博士学位；

返回费城。

1764年　58岁

当选为宾夕法尼亚州议会议长；

作为议会代理人再次前往伦敦。

1765年　59岁

争取阻止通过《印花税法案》。

1766年　60岁

发表文章，鼓吹废除《印花税法案》；

英国议院审查富兰克林关于废除印花税的声明；

《印花税法案》被废除。

1767年　61岁

去法国旅游，被引见给路易十五；

会见了一些科学家。

1769年　63岁

当选为美洲哲学学会主席；

被新泽西州议会任命为代理人。

1770年　64岁

被指定为马萨诸塞州议会代理人。

1772年　66岁

当选为法国科学院外国籍院士。

1774年　68岁

被免去邮政局局长职务。

1775年　69岁

当选为第二届大陆会议代表。

1776年　70岁

被任命为《独立宣言》起草委员会成员；

作为美国特使前往法国谈判。

1778年　72岁

与法国签订盟约和友好通商条约；

参加巴黎和谈；

在法国争取贷款。

1779年　73岁

被任命为驻法国特命全权大使。

1782年　76岁

以承认美国独立为先决条件，

与英国代表举行和谈。

1783年　77岁

出席签字仪式，英美合约生效，宣布停战。

1785年　79岁

回到费城，全城出动欢迎；

当选为州长。

1787年　81岁

再次当选为州长；

被选为代表出席联邦制宪会议。

1788年　82岁

停止参加公共事务活动。

1790年　84岁

在费城去世。

轻经典

出 品 人：许　永

责任编辑：许宗华

特邀编辑：林园林

装帧设计：海　云

印制总监：蒋　波

发行总监：田峰峥

投稿信箱：cmsdbj@163.com

发　　行：北京创美汇品图书有限公司

发行热线：010-59799930

创美工厂
微信公众平台

创美工厂
官方微博